Simon Nagy
Zeit abschaffen

UNRAST

Simon Nagy arbeitet im Kontext diverser Kollektive in der Kunst-, Text- und kritischen Wissensproduktion in Wien. Er ist Mitglied des Büros für Kunstvermittlung *trafo.K* und Teil der Künstler:innengruppe *Schandwache*. Gemeinsam mit Lia Sudermann dreht er dialogische Essayfilme, mit Rosa Andraschek realisiert er antifaschistisch-künstlerische Gedenkprojekte im ländlichen Raum. Für Zeitschriften, Ausstellungen und online schreibt er über Kunst, Literatur und Politik. 2025 erschien, gemeinsam mit Magdalena Kreinecker, das Künstler:innenbuch »Smoke, Birds, Pun Crisis. Ein dialogisches Glossar«.

Simon Nagy

ZEIT ABSCHAFFEN

Ein hauntologischer Essay gegen die Arbeit, die Familie und die Herrschaft der Zeit

UNRAST

Inhalt

Killing Time

Ain't gonna fight no more
Done fought the kitchen clock
And the master's clock
And the work clock
And the god clock
And the tax clock
And the witch clock
And I ain't gonna fight no more
Already fought for the rich clock
The poor clock
The city clock
The country clock
And I ain't gonna fight no more
Ain't gonna fight no more
Already fought the
doomsday clock
The clock of hell
The clock of democracy
And I ain't gonna fight no more

Moor Mother, *Clock Fight*, 2021

Auf den Tag genau hundertdreiviertel Jahre bevor ich geboren wurde, hat ein Anarchist versucht, die Standardzeit in die Luft zu jagen.

Am Nachmittag des 15. Februar 1894 setzt sich ein sechsundzwanzigjähriger Mann in die Tram von Westminster nach Greenwich. Unter seiner Jacke führt er eine selbstgebastelte Bombe mit. Aus Frankreich nach London gezogen, ist Martial Bourdin regelmäßiger Gast des Club Autonomie, eines unter internationalen Anarchist:innen populären Lokals für Diskussion, Vernetzung und Konspiration.

Bourdins Tagesplan sieht zunächst vor, die Shepherd Gate Clock am Eingang des Königlichen Observatoriums zu sprengen, die seit zehn Jahren den Nullpunkt für international genormte Zeit repräsentiert. Sie steht stellvertretend für die Linie, die durch den Park in Greenwich gezogen wurde und die dafür sorgt, dass weltweit nicht mehr der Stand der Sonne am Himmel, sondern der Schlag der Turmuhr anzeigt, wann Mittag ist.

Dann, und das ist der viel gewaltigere Plan von Bourdin, soll der gesamte Turm des Observatoriums zum Zusammensturz gebracht werden. Denn die Uhr am Eingangsportal ist zwar die erste Repräsentation der normierten Zeit, die der Öffentlichkeit zugänglich ist, doch ist auch sie nur eine sogenannte Nebenuhr. Wie unzählige andere Uhren weltweit empfängt sie seit 1884 ihre Anweisungen von der Master Clock, die tief drinnen im Observatorium sitzt. Master Clocks, auch Hauptuhren genannt, steuern Nebenuhren, um dadurch Gleichzeitigkeit herzustellen. Um keinen Zweifel an den Machtverhältnissen zu lassen, weder innerhalb der Uhrenlogik noch global, werden Nebenuhren auch ›Slave Clocks‹ genannt. Auch deshalb will Martial Bourdin die Master Clock in die Luft jagen. Nach einem Anschlag eines anderen Anarchisten in einem Pariser Café drei Tage zuvor, bei dem ein Mensch ums Leben kam, möchte er die Propaganda der Tat nun ins Herz der Zeit treiben.

Zeit totschlagen. *To kill time.* Wie die Revolutionär:innen, die während der Julirevolution 1830 in Paris auf Uhren geschossen haben, nur noch vereinzelter. Der dahinterliegende Unmut überdauert, wenn auch in veränderter Form, ins gegenwärtige Jahrtausend. Auf Twitter zirkulierte unlängst ein Foto einer Hausmauer, auf die gesprayt war: »No Cops, No Jails, No Linear Fucking Time«.

Was ist das, dieses Aufbegehren gegen standardisierte, normierte, lineare Zeit? Woher stammt es und wieso sind seine Ausdrücke oft so verzweifelt? Das

Porträt eines Herrschers zu verbrennen ist das eine, Uhren zu bekämpfen das andere. Bei Uhren und Zeit lässt sich das Verhältnis von Repräsentation und Repräsentiertem nicht im Geringsten so klar fassen wie bei Gemälden, und das macht die Geschichten von Revolten gegen Zifferblätter so radikal und zugleich so hilflos.

Martial Bourdin kam gar nicht bis zur Uhr, weder bis zur Shepherd Gate noch bis zur Master Clock. Die Bombe in seiner Jacke explodierte frühzeitig, riss ihm ein Loch in den Bauch und wies ihn darauf an, vom Parkwächter gefunden und ins Krankenhaus gebracht zu werden. Auf dem Weg dorthin starb Bourdin an den Verletzungen, die er eigentlich der Zeit zufügen wollte.

Marks
Gespenster

Das Gespräch wandte sich den Gespenstern zu. Jeder konnte dazu etwas beitragen, ein Erlebnis, eine Erinnerung oder was man vom Hörensagen weiß. Es war ein Thema, das sich wie kaum ein anderes dazu eignete, Geschichten zu erzählen.

César Aira, *Gespenster*, 1990

César Airas Roman *Gespenster* spielt auf einem Rohbau in Buenos Aires. Es ist der 31. Dezember und die Bauarbeiter:innen feiern das Jahresende mit einer Mittagsgrillerei. Der Nachtwächter und seine Familie sind die Einzigen, die bereits in dem unfertigen Haus wohnen, und bereiten am Dach ihre private Silvesterfeier vor. Wobei, »die Einzigen« stimmt nicht ganz, denn in dem Rohbau treiben sich auch Gespenster herum. Sie sehen aus wie nackte Menschen, und sichtbar werden sie in erster Linie durch den weißen Staub der Baustelle, der ihre Körper bedeckt. Die bevorzugte Aktivität der Gespenster ist es, sich unter lautem Gelächter von den hohen Stockwerken in die Tiefe zu stürzen.

Der Roman erzählt von den Gespenstern in ziemlicher Beiläufigkeit. Es scheint selbstverständlich, dass die Menschen, die im Gebäude ein und aus gehen, die nackten Figuren sehen können. Sie interessieren sich einfach nicht sonderlich für sie. Nur Patri, die älteste

Tochter der Nachtwächter-Familie, fühlt sich zu ihnen hingezogen, in einem immer größer werdenden Zwiespalt zwischen dem Wunsch, Teil ihrer weltlichen Familie zu bleiben, und der Sehnsucht, der Legion der Gespenster beizutreten. Diese unterhalten sich mit ihr und legen ihr die Vorzüge des Gespensterlebens dar. Das tun sie keineswegs aufdringlich, sondern allein deshalb, weil Patri sich ihnen wiederholt nähert und das Gespräch mit ihnen sucht.

Auch der vorliegende Text sucht das Gespräch mit Gespenstern. Die, für die er sich interessiert, haben wenig zu tun mit denen, die uns von Halloween oder aus Schauergeschichten bekannt sind, die auf Friedhöfen ihr Unwesen treiben oder armen Schluckern kühl in den Nacken hauchen. Sie sind näher dran an denen aus Airas Buch, die eher unscheinbar als unheimlich wirken und in deren Sprache doch, sobald man ihnen zuzuhören bereit ist, das Versprechen eines radikal anderen Lebens steckt.

Den Ausgangspunkt meines Interesses an ihnen stellt die Annahme dar, dass unsere Gegenwart voller Gespenster ist. Sie sind großteils gar nicht unsichtbar. Wie bei den Baustellengespenstern gibt es genügend Schichten geschichtlichen Staubs, die ihre Konturen erkennbar werden lassen. Trotzdem verhalten wir uns nicht so recht zu ihnen, tun so, als wären sie nicht da. Weil ihre Präsenz irritierend, ungewohnt und vermutlich auch destabilisierend ist, und weil es gar nicht so leicht ist, sie zum Sprechen zu bringen.

Diesem Buch geht es darum, den eigentümlichen Charakter der Gespenster ein wenig zu greifen zu bekommen. Wer sind sie überhaupt? Wodurch haben sie ihre nicht so recht anwesende, keineswegs aber auch abwesende Körperlichkeit erhalten? Und warum hängen sie so oft auf unfertigen Häusern herum?

Es ist ein Thema, das sich wie kaum ein anderes dazu eignet, Geschichten zu erzählen. Im Folgenden finden Fragmente aus Texten, Filmen und Songs zusammen, die kapitelweise Erzählungen, Lektüren und Reflexionen anstoßen. Gemeinsam kreisen sie um das Ende der Arbeit, die Aufhebung von Familie und die Abschaffung der Zeit. Und sie stellen sich die Frage, was es bedeuten kann, das Flüstern der Gespenster nicht wie so oft als Drohung, sondern als Versprechen zu verstehen.

Clemens J. Setz, *Glücklich wie Blei im Getreide*, 2015

Dieser Text hatte, bevor ich ihn zu schreiben begann, eine sehr klare Form. Er wollte ein Gespräch sein mit Mark Fisher, oder genauer: ein In-Beziehung-Setzen dreier Texte von Fisher, die in ihrer neuen Konstellation miteinander und so auch mit mir zu sprechen beginnen sollten.

Mark Fisher hat sich in den Nullerjahren vor allem in linken und popkritischen Kreisen als Blogger einen Namen gemacht. Der Name lautete k-punk und stand für Texte, die Popmusik, britische Clubkultur und marxistische politische Theorie miteinander verknüpften und dabei in lebhaftem Dialog mit anderen Musikblogger:innen standen. Ich selbst habe erst mit großer Zeitverzögerung begonnen, mich mit Fishers Schreiben auseinanderzusetzen, und zwar ausgelöst durch die Nachricht seines Suizids am 13. Januar 2017. Ich begann, *Capitalist Realism* zu lesen, Fishers erstes Buch, das 2009 in seinem selbstgegründeten Verlag Zero Books erschienen war und einen überraschenden Erfolg gelandet hatte. 2014 folgte der Band *Ghosts of My Life*, der sich um Gespenster, Depression und Erzählungen von Zukunftslosigkeit drehte und seine Thesen anhand von Filmen wie *The Shining* oder Musiker:innen wie Burial entfaltete. *The Weird and the Eerie,* eine verhältnismäßig wenig beachtete und auch inhaltlich nicht besonders aufwühlende kulturwissenschaftliche Essaysammlung zum Begriff des Unheimlichen, erschien 2016. Der Kult-Status, der den Namen Mark Fisher inzwischen umweht, rührt also nicht von einer Masse an Theorie-Schmökern her. Er ist eher der recht leichtfüßigen Wechselwirkung zwischen seinen politischen Analysen und den musikkritischen Blogbeiträgen zu verdanken, und vor allem dem Umstand, dass einzelne catchy Zitate und Text-Snippets ihren Weg zurück in die Pop- und Meme-Kultur gefunden haben.

Fishers Texte entfalteten auch für mich eine Sogwirkung, eine Eingängigkeit nicht unverwandt mit jener der Dubstep-Tracks oder der Blockbuster, die sie oft zum Gegenstand haben. Je mehr ich mich in die Texte einlas, mich auf sie einließ, desto mehr bekam ich das Gefühl, dass sie in ihrer Gemeinschaft eine These artikulieren wollen, die sie als Einzelne nie explizit aussprechen. Durch präzise Lektüren und das Gegenüberstellen von Fishers allerersten veröffentlichten Texten mit seinen letzten, Fragment gebliebenen, wollte ich diese These herausarbeiten.

Um sie geht es später im Detail. Vorläufig lässt sie sich folgendermaßen zusammenfassen: Eines der zentralen Projekte des Neoliberalismus war und ist die Einhegung von Zeit. Einhegung verstehe ich dabei als den Prozess, etwas vormals gemeinsam Verwaltetes, Öffentliches in Privatbesitz zu transformieren und damit dem allgemeinen Zugriff zu entziehen. Und Gespenster aus Literatur, Film und Musik können helfen zu erklären, was bei diesen Akten der Zeit-Einhegung passiert, wie sie sich zur Produktionsdynamik des Kapitalismus verhalten und was sie für das Begehren nach radikal anderen Zukünften bedeuten.

Diese These blieb nah bei mir, aber sie löste sich zunehmend von den Texten, von denen sie inspiriert war. Auf das lange Allein-Lesen folgte ein Fisher-Lesekreis, den ich gemeinsam mit einigen Freund:innen abhielt. Wir lasen seine Bücher chronologisch, systematisch und mit vereintem kritischem Blick. Die eingängige Sogwirkung blieb im Modus der gemeinsamen Lektüre aus. Sie wurde ersetzt durch eine Grundskepsis, die sich in abendlangen Diskussionen verdichtete. Die frei flottierenden Referenzen wirkten mit einem Mal weniger catchy als vielmehr irgendwie willkürlich, der Dancefloor von Fishers Theorieproduktion fühlte sich zunehmend nach Glatteis an.

Je mehr ich bei anderen Denker:innen, Schriftsteller:innen und Künstler:innen danach Ausschau hielt, wie sie das Zusammenspiel von Neoliberalismus, Zeit und Gespenstern behandelten, desto uninteressanter schien es mir, mit dieser Frage nah bei Mark Fisher zu bleiben. Je mehr ich den Eindruck gewann, zu verstehen, was Fisher zwischen seinen Büchern und Zeilen zum Ausdruck bringen wollte, desto enger wollte ich diese Gedanken umkreisen und desto mehr schienen mir diese Kreise zugleich etwas einzufassen, das gar nicht mehr bei Mark Fisher selbst lag. Je mehr Zeit ich also mit Fishers Schreiben verbrachte, desto dringlicher schien es mir, Abstand von ihm zu nehmen und über die Themen, die er mir zugesteckt hatte, das Gespräch mit anderen Theoretiker:innen und deren Texten zu suchen.

Etwa mit denen von Clemens J. Setz, von dem es eine Geschichte über eine Ratte gibt. Der Text ist Teil eines Bandes, in dem Setz einige seiner eigenen unveröffentlichten Kurzgeschichten in knapper Form nacherzählt. *Die Ratte in den Verhältnissen* handelt von einer gespenstischen Ratte, »die angeblich immer dann erscheint, wenn irgendwo die richtige Kombination bestimmter Gegenstände erreicht wird«. Sie ist Gegenstand intensiver Bemühungen, Beschwörungen und Erklärungsversuche der Protagonist:innen, tritt aber im Laufe der Geschichte nie auf.

Die Storys, die in dem Band in knapper Form nacherzählt werden, sind 15 Jahre vor dessen Veröffentlichung entstanden. Einleitend widmet Setz seinem 15 Jahre jüngeren Selbst ein Zitat aus der Rattengeschichte: Die Hauptfigur wünscht sich darin vom gespenstischen Tier, dass es verschwunden bleibe, damit sie es besser eingemeinden könne. Den Wunsch richtet Setz auch seiner eigenen Vergangenheit aus, und mit diesem Wunsch ist auch das Verhältnis von Neoliberalismus zu Gespenstern beschrieben, das dieses Buch als Interesse antreibt: Einhegung durch Abwesenheit.

Die folgenden Kapitel drehen sich in ihrer Gemeinschaft um die Frage, wie das überhaupt geht: etwas noch abwesender zu machen, das ohnehin nur gespenstisch existiert. Und sie erfragen, was die Effekte sind, die diese doppelte Abwesenheit zeitigt.

Dabei stützen sie sich auf die Hoffnung, dass es, wie in Setz' Geschichte, immer wieder richtige Kombinationen bestimmter Gegenstände gibt, durch die die Gespenster sichtbar werden. Versuche solcher Kombinationen unternimmt dieser Text, indem er jedes seiner Kapitel von einer eingeladenen Stimme anrufen lässt, um ihr zu antworten oder von ihr weg zu schreiben und auf diese Weise eine Art Gespenstergespräch zu erproben.

What does it mean to read Jacques Derrida and abandon Derrida and retain Derrida's spirit (or specter!)?

Katherine McKittrick, *Dear Science and other Stories*, 2021

Den Autor zu verwerfen und sein Gespenst beizubehalten: Das ist genau das Verfahren, dem ich Mark Fisher unterziehen möchte. Er selbst hat es mit dem Ur-Gespenstertheoretiker Jacques Derrida ganz ähnlich gemacht. Fishers 2014 erschienenes Buch *Ghosts of My Life* zieht Derridas *Marx' Gespenster* von 1993 heran, um sich recht freizügig am dort entworfenen Konzept der Hauntologie zu bedienen. ›Hauntologie‹, die Lehre von der Heimsuchung, ist ein Portmanteau aus den französischen Wörtern ›haunter‹, also heimsuchen, und ›ontologie‹, der Lehre vom Sein. In der französischen Aussprache klingt ›ontologie‹ fast genau gleich wie ›hauntologie‹: Die Heimsuchung wird dem Sein eingeschrieben, ohne hörbar zu sein, und von der Grenze zwischen den beiden Konzepten bleibt nur ein verhauchter Wortanfang.

Im selben Sinn richtet die Hauntologie ihren Fokus auf das, was nicht gegenwärtig und dennoch lebendig ist. Auf das, was abwesend ist, virtuell ist, was sich nicht in Begriffen von positiver Präsenz fassen lässt und doch in ganz realen Effekten erfahrbar wird. Auf das also, was in der Gegenwart wirkt, obwohl es nicht mehr oder noch nicht existiert.

In der Formulierung »nicht mehr oder noch nicht« steckt bereits die Grunddynamik dessen, was ich ›dialektische Hauntologie‹ nennen möchte. Fisher entwickelt in seinem Gespensterbuch durch eine ziemlich anarchische Derrida-Lesart die These, dass es zwei verschiedene Richtungen von Heimsuchung gibt: *no longer* und *not yet.* Die Gespenster des *no longer* sind darin diejenigen, die als reale Phänomene nicht mehr existieren, aber in der Gegenwart dennoch fortwirken: der traumatische Wiederholungszwang, die Gespenster der falsch begrabenen Figuren in *gothic short storys*, die Phantome des für beendet erklärten, aber immer noch wirksamen Kolonialismus. Die Gespenster des *not yet* hingegen sind Bot:innen eines Zustands, der noch nie wirklich existiert hat, der die Gegenwart aber dennoch bereits heimsucht. Sie sind Momente einer Hoffnung, eines Versprechens oder einer Erwartung, die noch nicht in Erfüllung gegangen ist und die doch gegenwärtiges Verhalten mitformt. Die berühmteste Vertreterin der Gespenster des *not yet* ist das Gespenst des Kommunismus, wie es 1848 beschworen wurde: eine Virtualität, deren gefürchtetes Eintreten bereits dazu beitrug, den Stand der Dinge ordentlich zu erschüttern.

Die Gespenster, die mich interessieren, sind die Gespenster, in deren Art zu spuken die beiden Wirkrichtungen von *no longer* und *not yet* zusammenfallen. Indem ich *Ghosts of My Life* mit zwei anderen Texten von Fisher, nämlich *Capitalist Realism* und *Acid Communism* verknüpfe, möchte ich den Weg ausleuchten, der zu Momenten dieses Zusammenfallens führt. Dabei tun sich Gabelungen auf, die wegführen von dem, was in Fishers Schreiben selbst zu finden ist, und auf denen sich Leute wie Silvia Federici, Bini Adamczak, Moishe Postone oder Sophie Lewis als die ortskundigeren Weggefährt:innen erweisen.

It was his job to make sure that the house was haunted.

Emily Wardill, *Night for Day*, 2020

Meine gute Freundin Lia Sudermann meinte einmal, es sei vielleicht nicht der beste Marketing-Trick für den Kommunismus gewesen, sein Manifest ausgerechnet mit einem Gespenst beginnen zu lassen. »Ein Gespenst geht um in Europa.« So klar würde dort und auch im Folgenden schließlich gar nicht werden, wer von ihm heimgesucht wird, und was das überhaupt bedeutet: heimgesucht werden. Wer droht wem genau, und wer sollte zu Recht Angst haben vor diesem neuen Gespenst?

Auf den berühmten Einleitungssatz folgt ein weniger berühmter zweiter. Er besagt, dass sich alle »Mächte des Alten Europa zu einer heiligen Hetzjagd gegen dies Gespenst verbündet« haben. Offenbar reichte 1848 der gespenstische Horizont einer möglichen anderen Zukunft aus, um die Alarmglocken des Bestehenden schrillen zu lassen. Der Kommunismus, weit davon entfernt, tatsächlich zu existieren, flößte den Herrschenden (wenn man dem Kongress des Bundes der

Kommunist:innen glauben darf, aus dem das Manifest hervorging) Mitte des 19. Jahrhunderts bereits als Vorstellung gehörige Angst ein. Und heute?

2009, also fünf Jahre vor *Ghosts of My Life* und zwei Jahre nach der globalen Finanzkrise, veröffentlicht Mark Fisher sein erstes Buch *Capitalist Realism.* In ihm versucht er den ideologischen Zustand einer Gesellschaft zu fassen zu kriegen, die gerade in aller Deutlichkeit erfahren hat, dass Kapitalismus ein in höchstem Maße dysfunktionales Wirtschaftssystem ist, und die sich trotzdem nicht mit aller Kraft darum bemüht, eine neue Form des Zusammenlebens einzurichten – die im Gegenteil jeden Begriff des radikal Anderen verloren zu haben scheint.

Das Buch setzt an mit dem inzwischen zum Bonmot gewordenen Satz, dass es leichter ist, sich das Ende der Welt vorzustellen als das Ende des Kapitalismus. Die Geschichte der Autor:innenschaft dieses Satzes ist übrigens ähnlich wie die des *Kommunistischen Manifests*. Während Letzteres aus dem internationalen kommunistischen Kongress hervorging, wird gern so getan, als wären Marx und Engels seine alleinigen Autoren und nicht vielmehr diejenigen, die eine vielstimmige Programmschrift in lesbare Form gebracht hätten. Auch der Kapitalismus-Ende-der-Welt-Satz wird mit großer Regelmäßigkeit abwechselnd Fredric Jameson oder Slavoj Žižek zugeschrieben und inzwischen auch manchmal Fisher selbst, obwohl ganz unklar ist, woher er wirklich kommt. Es ist offenbar leichter, sich einen Mann vorzustellen, der etwas Kluges sagt, als dass dieser Satz halt irgendwie in der Luft gewesen ist und dann von ein paar Leuten aufgegriffen wurde.

Diesen Satz jedenfalls staffiert Fisher im Laufe des Buches aus: mit Beispielen von Post-Apokalypse-Produktionen aus Hollywood, mit Erfahrungsberichten aus seiner Zeit als Lehrer und mit eklektischen Verweisen auf marxistische, psychoanalytische und poststrukturalistische Theorie. Was ihm zufolge in der neoliberalen Auflösung von Zukunft mit aufgelöst wird, ist jeder materialistische Begriff von Vergangenheit, und damit jede Vorstellung einer Gegenwart, die durch historische Kämpfe produziert wurde. Gesellschaft fühlt sich nicht wie eine kollektiv hergestellte an, sondern ganz im Sinne Margaret Thatchers als eine Ansammlung von Individuen und ihren Familien.

In Emily Wardills Film *Night for Day* wird diese Wirkweise des kapitalistischen Realismus, die Gegenwart immer als etwas fix Gegebenes und Überzeitliches simuliert, durch eine fiktive Mutter-Sohn-Beziehung in Szene gesetzt. Beide treten nur als Stimmen auf, während abwechselnd Nachtaufnahmen leerstehender Häuser, pixelige Tanz-Clips und vom Abendlicht durchflutete Innenaufnahmen aus dem Familienhaus des Architekten António Teixeira Guerra zu sehen sind. Die Figur der Mutter ist angelehnt an Isabel do Carmo, eine Kämpferin in den Brigadas Revolucionárias, die gemeinsam mit anderen Kräften 1974 die faschistische Salazar-Diktatur in Portugal stürzten. Die Stimme des Sohns setzt sich zusammen aus verschiedenen Interviews mit Start-up-Gründern im Lissabon der Gegenwart und der in ihnen zur Schau getragenen instrumentellen Vernunft, die sich selbst gern als Stimme einer bereits in der Realisierung befindlichen technologischen Utopie missversteht.

An einer Stelle im Film erzählt der Sohn seiner Mutter, dass er sich daran erinnert, wie sie immer vom Strand gesprochen habe, der unter dem Pflaster liege. Er hingegen, sagt er, habe Strände deshalb so gern, weil Menschen darauf aussähen wie Diagramme. Der Dialog zwischen Mutter und Sohn zeugt von einem Verhältnis von Gegenwart zu ihrer jüngsten Vergangenheit, das keineswegs mit dem viel bemühten Vergessen von Geschichte zu tun hat. Im Gegenteil, der Sohn hat die alten 68er-Slogans ganz präsent, er kann sie auch historisch zuordnen. Er hat schlicht und einfach kein Interesse an ihnen, hat keine Verwendung für sie, keinen Zugang zu den Inhalten, die in ihnen steckten. Die Start-up-Gründer:innen im Silicon Valley oder an der portugiesischen Küste sind nicht geschichtsvergessen. Sie wissen, was sie tun und wogegen sie sich wenden, und sie tun es trotzdem.

Etwas anderes als Vergessen ist also historisch passiert. Es braucht entsprechend andere Konzepte, um die gegenwärtigen Abwesenheiten von revolutionärer Vorstellung, die den kapitalistischen Realismus auszeichnen, zu fassen zu kriegen. Ich möchte im Folgenden ›Gespensteraustreibung‹ als eine solche Denkfigur vorschlagen.

The era of what I have called ›capitalist realism‹ – the widespread belief that there is no alternative to capitalism – has been haunted not by the apparition of the spectre of communism, but by its disappearance.

Mark Fisher, *Ghosts of My Life*, 2014

Kapitalistischer Realismus beschreibt diejenige ideologische Formation unserer Gegenwart, durch die andere Zukünfte undenkbar, unvorstellbar und damit unerreichbar gemacht werden. »Andere Zukünfte« meint Gesellschaftsentwürfe, die sich von jenen unserer Gegenwart substanziell unterscheiden. Wenn die Bot:innen dieser Zukünfte als Gespenster des *not yet* verstanden werden, dann lässt sich die Aufgabe von kapitalistischem Realismus als Gespensteraustreibung benennen: Es geht ihm darum, eine Gegenwart herzustellen, die in jede Richtung verlängert wird und somit alle Türen, Fenster und Spione verschließt, an die Gespenster anklopfen, vor denen sie sichtbar werden und durch die sie hineinhuschen könnten.

Zeitdiagnosen, die auf etwas dieser Art hinaus wollen, gibt es zahlreiche. Sie beschreiben unsere Gegenwart wahlweise als absolute, als endlose, als breite, als akkumulierende oder als disziplinlose. Gemeinsam ist ihnen ein oft kulturpessimistisch eingefärbter Gestus, mit dem die Unmöglichkeit des radikal Neuen bemängelt wird, sei es in Strategien des Arbeitskampfs oder auf der Straße, im abstrakter gedachten Politischen oder am liebsten im Kulturellen. Auch Fishers Texte klingen oft so. Am Ende seines Lebens schwingt dieser Pessimismus aber in eine recht überraschende Richtung um, und anstatt sie weiter zu bebildern, macht Fisher sich zu einer Historisierung der vermeintlich endlosen Gegenwart auf.

Acid Communism heißt das Buch, an dem Fisher geschrieben hat, bevor er sich 2017 das Leben genommen hat. Uns ist nur die Fragment gebliebene Einleitung erhalten, deren Sprengkraft für mich allerdings größer ist als die der meisten seiner anderen Texte. Fisher wendet sich darin den frühen Siebzigerjahren zu, einer Zeit, die in seinem bisherigen Schreiben nicht sonderlich gut davongekommen war. Er richtet seinen Blick auf sie mit der Begründung, dass damals einige Dinge als realistisch oder gar unvermeidlich empfunden wurden, die heute unmöglich scheinen. Der Text beschreibt das Zusammenspiel von kommunistischen Organisationsformen, der neuen feministischen Praxis des ›consciousness raising‹, psychedelisch induzierten Bewusstseinserweiterungen sowie einer nie zuvor dagewesenen Ästhetisierung des Alltagslebens. In dieser Gemengelage meint Fisher eine soziale Stimmung auszumachen, in der das Begehren nach radikal anderen Beziehungsweisen und gesellschaftlichen Organisationsformen nicht nur als dringlich, sondern als realisierbar, ja als sogar schon im Prozess der Realisierung befindlich aufgefasst wurde.

Die Siebziger werden in *Acid Communism* greifbar als eine Zeit, in der zwar keineswegs utopische Zustände geherrscht, aber immerhin zahlreiche Gespenster des *not yet* mit ziemlicher Wirkkraft gespukt haben. Das Bild des Spuks taucht in dem Text zwar auf, aber eher in beiläufigen Formulierungen und keineswegs ausbuchstabiert. Aus diesen Teasern nährt sich mein Wunsch, Fishers letztes Fragment mit seinem früheren Schreiben über Gespenster und kapitalistischem Realismus in Verbindung zu setzen und ihre gemeinsame These herauszuarbeiten.

Gegenwärtig wird vor allem in der Kunst gern davon gesprochen, welche Gespenster unsere Zeit heimsuchen. Das geschieht meistens mit dem Interesse, auf historische Leerstellen oder versäumtes, verdrängtes Aufarbeiten hinzuweisen. Wenn man Fisher glaubt, ist es aber genau andersherum: Das, was kapitalistischen Realismus auszeichnet, ist eher das Leiserwerden von Heimsuchungen, das Verstummen von Gespenstern, die schon einmal viel präsenter waren. Dass die Gespenster selbst uns weniger lautstark heimsuchen als früher, heißt aber noch lange nicht, dass es gegenwärtig nicht spukt. Sondern dass genau die Stille spukt, dass es das Leiserwerden der Gespenster ist, das uns heimsucht.

The closer the real possibility of liberating the individual from the constraints once justified by scarcity and immaturity, the greater the need for maintaining and streamlining these constraints lest the established order of domination dissolve. Civilization has to defend itself against the specter of a world which could be free.

Herbert Marcuse, *Eros and Civilization*, 1955

1968 werden gewisse Gespenster wieder lauter, und zwar in einer Virulenz wie seit 1917 nicht mehr. Sie heißen jetzt aber anders und spuken auch auf andere Arten als zuvor.

Herbert Marcuse, der Lieblingsfrankfurter der 68er, hat vom Gespenst einer Welt, die frei sein könnte, geschrieben, gegen das sich die sogenannte Zivilisation verteidigen müsse. Da wird zwar eine andere Nomenklatur verwendet als in den ersten Zeilen des *Kommunistischen Manifests*, aber inhaltlich geht es doch um etwas Ähnliches: 1848 sollte das Gespenst des Kommunismus, hundert Jahre später das einer möglichen Freiheit gebannt werden. Im *Manifest* waren es die Mächte des Alten Europa, hier ist es die Zivilisation, der unterstellt wird, an diesem Bann Interesse zu haben. In beiden Fällen lugt ein Gespenst aus der Zukunft in die Gegenwart und muss aus dieser mit aller Kraft ferngehalten werden.

Mark Fisher greift in *Acid Communism* Marcuses Bild vom Gespenst einer Welt, die frei sein könnte, auf, um es zu aktualisieren. Seit den Siebzigern, so lautet Fishers These, geht es dem Kapitalismus nicht mehr darum, sich gegen das Gespenst zu verteidigen, sondern darum, es proaktiv auszutreiben. Das Hauptprojekt der letzten fünfzig Jahre bestand darin, das Gespenst einer Welt, die frei sein könnte, noch vor seinem Erscheinen einem Exorzismus zu unterziehen. Es verschwinden zu lassen, bevor die von ihm versprochene freie Welt auch nur in Ansätzen auf der Türschwelle steht.

Damit wird eine Möglichkeit des Sprechens über das Vermächtnis von 1968 eröffnet, das sich von einigen der bekannteren Erzählungen unterscheidet. Die gehen zum Beispiel so: Die sozialen Bewegungen, gegenkulturellen Experimente und real erprobten sozialistischen Utopien sind gescheitert, weil sie nicht gut genug organisiert, nicht wachsam genug, nicht sensibel genug für ihre inneren Widersprüche waren. Oder: In den verschiedenen Bewegungen der 68er steckte seit jeher der neoliberale Wunsch nach individueller Freiheit, der durch die folgenden Reformen des Arbeitswesens bestmöglich, und das heißt schlimmstmöglich eingelöst wurde. Oder: Was vielversprechend begann, hat sich schnell korrumpieren lassen, und die Revolutionär:innen verwandelten sich in kürzester Zeit zu Fürsprecher:innen des neuen Geists des Kapitalismus.

Acid Communism schlägt dagegen ein anderes Sprechen vor. Es besagt, dass die Bewegungen nicht in erster Linie gescheitert sind, also selbstverschuldet zugrunde gingen, sondern dass sie niedergeschlagen wurden.

Das eine schließt das andere natürlich nicht aus, auch Niedergeschlagenwerden kann selbstverschuldet sein, aber die Reihenfolge des Erzählens macht doch einen Unterschied, wenn das Ziel lautet, für gegenwärtige und zukünftige Kämpfe Schlüsse zu ziehen.

Wenn die Niederschlagung in den Fokus rückt, lässt sich nämlich eine Reihe anderer Fragen stellen. Etwa: Wie sahen die neu aufkommenden Begehren und Gemeinschaften konkret aus, auf die der Neoliberalismus in den Siebzigern mit so einer Gewalt geantwortet hat? Was an ihnen war es, das es so rabiat kaputtzumachen, niederzuschlagen, einzuhegen galt? Und wie lässt sich die Sprache der Gespenster, die damals spukten, heute wieder hörbar machen?

What if the success of neoliberalism was not an indication of the inevitability of capitalism, but a testament to the scale of the threat posed by the spectre of a society which could be free?

Mark Fisher, *Acid Communism*, 2019

Von den von Arbeiter:innen und Student:innen gemeinsam organisierten Revolten in Frankreich über die Versuche in den USA, durch das Zusammenspiel von Musik, Kunst und psychedelischen Drogen neue Beziehungsweisen herzustellen, bis hin zum kybernetischen Sozialismus in Chile, der unter Salvador Allende als Ergebnis einer demokratischen Revolution erprobt wurde: Die Revolutionswellen der späten Sechziger- und frühen Siebzigerjahre lassen sich in ihrer Gemeinschaft als Gefährdungen eines gesellschaftlichen Zustands erzählen, dem die bestehende Ordnung mit einem Gegenprojekt begegnen musste. Dieses Gegenprojekt heißt Neoliberalismus, und wer ungeschönte Benennungen lieber hat, kann auch Konterrevolution sagen.

Deren Erfolg nicht nur auf materieller, sondern auch auf ideologischer Ebene lässt sich darin erkennen, dass sie selten so benannt wird; dass sie sich schön unsichtbar machen konnte: dass wir von den Bewegungen der Jahre nach 68 als gescheitert sprechen und eben nicht als niedergeschlagen.

Die neoliberale Konterrevolution war aber nicht nur damit beschäftigt, real existierende Gefahren zu zerstören, sondern ebenso potenzielle. Wenn das, was in den frühen Siebzigern als holpriger Anfang neuer Gesellschaftsformen und Beziehungsweisen erlebbar wurde, bereits für eine so harte Reaktion gesorgt hat, dann lohnt es sich, die Vorstellung zu wagen, was wohl passiert wäre, wenn diese sich weiterentwickelt hätten. Was sie hätten werden können, wenn sie nicht zerschlagen worden wären.

Die These, die sich durch Fishers Texte zieht, ohne je benannt zu werden, und von der ausgehend dieser Text endlich losstarten möchte, lässt sich nun nochmal präzisieren. Und zwar: Der Job des Neoliberalismus war und ist es, Gespenster auszutreiben. Er tut das, indem er Gespenster des *not yet* in Gespenster des *no longer* verwandelt: indem er potenzielle Zukünfte für gescheitert erklärt, ohne dass sie jemals richtig zu sich gekommen wären, um sie so in eine als abgeschlossen und überkommen gedachte Vergangenheit zu verbannen.

An dieser Stelle noch ein Satz zur Sprache: Ich schreibe in diesem Buch durchgängig von Gespenstern und nicht von Geistern. Gespenster fasse ich als weniger an einzelne Menschen oder Körper geknüpft auf als Geister. Sie sind für mich enger verwandt mit den Manifestationen von Widersprüchen in Zeit, Produktion und umkämpfter Geschichte, denen ich mit diesem Text nachspüren will. Die Unterscheidung zwischen ›spectre‹ und ›ghost‹ im Englischen erscheint mir hingegen weniger strikt, und durch einige der englischsprachigen Zitate halten daher beide Erscheinungsformen Einzug in diesen Text.

Bei Clemens Setz geht es weder um Gespenster noch um Geister, zumindest nicht um als solche benannte, sondern um unsichtbare Ratten. Die Art und Weise, auf die er seine eigenen Kurzgeschichten nacherzählt, ist eine der größten Verknappung, und *Die Ratte in den Verhältnissen* endet so: »Am Ende der Geschichte ist die Hauptfigur tot, was allerdings nichts mit dem Erscheinen der Ratte oder ihrem Nichterscheinen zu tun hat.«

Am Ende vom Neoliberalismus sind die Gespenster tot – das hätte er jedenfalls gern. Ob ihm das gelingt oder nicht, das hat im Gegensatz zur Ratte sehr viel damit zu tun, ob die Gespenster erscheinen, und vor allem damit, wie sie es tun und wessen Gehör sie finden. Durch die anti-hauntologischen Bestrebungen gegenwärtiger Produktionsweisen werden Verhältnisse hergestellt, die die Gespenster zwar auszutreiben wünschen, aber gleichzeitig dazu führen, dass sie auf andere, auf neue Weise spuken. Eben auf dialektische Weise. *No longer* und *not yet* sind dabei keine fein säuberlich trennbaren Erscheinungsformen, sondern fallen zusammen in einer Art des Spuks, wie sie einer Gegenwart angemessen ist, die sich um die Abschaffung von Zukunft redlich bemüht.

Gespenster austreiben, Ruinen bauen

Ihr seid voll out, Glocken
Ihr seid tschüssikowski
Glocken
Ihr seid die Glocken vom letzten
Sommer
Mit euren Overalls und euren
weißen Sneakers und euren
Cola lights
Wisst ihr es nicht
Niemand hört jetzt mehr
Glocken zu
Niemand fürchtet mehr
Glocken
Niemand glaubt mehr an
Gespenster

Damian Rebgetz, *We Had a Lot of Bells*, 2022

Den Hausmauer-Slogan »No Linear Fucking Time«, der neben Polizist:innen und Gefängnissen als drittes Element auch westlich-konventionalisierte Zeitauffassungen zur Hölle wünscht, erhebt der Kunstraum BAK in Utrecht im Frühjahr 2022 zum Titel einer Ausstellung. Es ist eine Ausstellung, die mit 120 bpm läuft. Ein stetiges, gleichmäßiges Pochen geht durch die Wände wie der monotone Beat aus einem Club nebenan und lässt das Gebäude mehr fühl- als hörbar zweimal pro Sekunde vibrieren. Es rührt her von Yuri Pattisons Arbeit *World Clock (True Time Replica).*

Jeder Text über diese Arbeit, den ich kenne, ist für mich in höchstem Maße unverständlich, aber irgendwie zapft sie wohl gleichzeitig eine Atomuhr und das US-amerikanische GPS-System an, um deren jeweiliges Sekundenzählen hörbar zu machen. Diese sind offenbar nicht ganz synchron, sondern um ziemlich genau eine halbe Sekunde phasenverschoben. Mittels Kabeln und Stangen wird das zusammengesetzte Signal direkt in die Wände des BAK übertragen, wodurch die Räume im Standard-Beat sanft erzittern.

Die Atomuhr, die Pattisons Beat zugrunde liegt, wurde ursprünglich für militärische Zwecke entwickelt, konkret als Präzisions-Navigations-Werkzeug für die Navy. Inzwischen kommt sie im Versandwesen, im Online-Handel, im Hochfrequenz-Trading und in der Wasserstoffgewinnung zum Einsatz. Die Internationale Atomzeit misst das Vergehen von Zeit präziser, als die Erde sich dreht, weil bei Letzterer manchmal das Universum interveniert. Bevor sie eingeführt wurde, dienten Quarzkristalle zur Zeitmessung, davor wurden diverse Pendel in der Bewegung eines gleichmäßigen Taktes gehalten und noch viel früher wurde die Zeit an den Skalen von Sonnen-, Wasser- und Sanduhren abgelesen.

Die Erfindung mechanischer Uhren wird in Europa auf das 14. Jahrhundert datiert. Die ihr zugrundeliegende Technik, nämlich Zahnräder und Schwinghebel, existierte schon zuvor in der Mechanik, mit der Glocken zum Klingen gebracht wurden. Nicht umsonst hört sich ›clock‹ an wie ›Glocke‹ und leitet sich vom Französischen ›cloche‹, für Glocke, ab.

Aber obwohl die Mechanik der Glocke in die Uhr umgezogen ist, geht mit dem Wechsel von Sound zu Zifferblatt ein kategorischer Wandel in der Konzeption von Zeit einher. Glocken hingen im Mittelalter lange Zeit ausschließlich in Klöstern, wo sie dazu dienten, die Gebetszeiten einzuläuten. Die Stunden, zu denen das geschah, ergaben sich aber nicht aus der Aufteilung des Tages in vierundzwanzig gleich lange

Zeitabschnitte, sondern es herrschte das System der ›horae temporales‹: die Aufteilung von Helligkeit und Dunkelheit in jeweils zwölf gleichmäßige Stunden. Die Länge einer Stunde war abhängig von der Jahreszeit. Tagesstunden waren im Sommer länger als im Winter und, abgesehen von den beiden Tag- und Nachtgleichen im Jahr, nie gleich lang wie die Nachtstunden. Die Aufteilung des Tages in Segmente folgte dem, was in der Periode der Helligkeit leistbar war, und teilte sie entsprechend auf. Diese Rückbindung von Zeit an Tätigkeiten, die in ihr verrichtet werden, wird manchmal konkrete Zeit genannt.

Ihr Gegenteil, die abstrakte Zeit, geht mit der Einführung der Uhr einher. Wobei die Vorstellung, dass die Erfindung der Uhr zur Einführung abstrakter Zeit führte, der falschen Kausalität anheimfällt, mit der technologische Entwicklungen gern als Auslöser für soziale Revolutionen beschrieben werden. Die gegenteilige Behauptung, dass das Interesse daran, Zeit zu messen und abstrakte Zeit zu produzieren, zu den Uhren führte, ist aber genauso trügerisch. Die technischen Möglichkeiten zur Zeitmessung und eine Macht, die auf der Kontrolle von Zeit aufbaut, entwickeln sich wechselwirkend. Gerade weil das Verhältnis ein dialektisches ist, sind Zeit und Macht so eng und so nachhaltig miteinander verstrickt.

In gewisser Weise hat
der Kapitalismus alle
Gesellschaftsformen
heimgesucht, doch dies
als ihr Schrecken
verbreitender Albtraum.

Gilles Deleuze & Félix Guattari, *Anti-Ödipus*, 1972

Als sich im Mittelalter Städte zu bilden und sich dort Handwerk und Handel zu entwickeln begannen, kamen mit den neuen Produktionsverhältnissen auch neue Notwendigkeiten der Messung von Arbeit auf. War es die Aufgabe von Klosterzeit gewesen, den Beginn und das Ende bestimmter Tätigkeiten anzuzeigen, so wurde es das Anliegen von Händler:innenzeit, die in einer festgesetzten Zeitspanne erbrachte Arbeit zu messen.

Die erste Industrie, die voll auf sie baute, war die Textilindustrie. In ihr schieden sich am frühesten die Händler:innen von den Arbeiter:innen: Während Erstere die Wolle an die Arbeiter:innen verteilten, den fertigen Stoff von ihnen wieder einsammelten und ihn verkauften, waren die Arbeiter:innen ausschließlich mit der Produktion beschäftigt. Die Spinnerei war somit eines der ersten Lohnarbeitsverhältnisse, und eine entsprechende Rolle begann Produktivität in ihr zu spielen. Der Profit der Händler:innen hing schließlich ab von der Differenz zwischen dem Wert der produzierten Stoffe und der Löhne, die sie auszahlten. Also von der Differenz zwischen dem Wert, den die erkaufte Arbeitskraft in ihrer Arbeitszeit den Waren durchschnittlich zusetzt, und den Kosten zur Reproduktion der Arbeitskraft, damit ihr Arbeitstag von neuem beginnen kann. Um dieses ganz grundlegende Verhältnis im Kapitalismus herzustellen, braucht es die Ablösung der Kirchenglocken durch Uhrtürme und die durch sie ermöglichte Messbarkeit von Arbeitszeit. In dieser Ablösungsbewegung stecken im Kern bereits all die gefuchsten Mechanismen zur Erwirtschaftung von Mehrwert, mit denen Kapitalismus seither aufgetrumpft hat.

So meinen das auch Deleuze und Guattari, wenn sie schreiben, dass der Kapitalismus alle Gesellschaftsformen heimgesucht hat. Die Gegenwart steckt, als Albtraum, bereits in der Vergangenheit, die auf sie hinführt. Aber hier müssen wir kurz innehalten. Die Frage, die sich vorhin in Bezug aufs *Kommunistische Manifest* gestellt hat, kehrt jetzt in nochmal größerer Dringlichkeit wieder: Wer sucht eigentlich wen heim? Eben hieß es doch noch, der Neoliberalismus will Gespenster töten, jetzt ist es anscheinend der Kapitalismus, der heimsucht. Wofür kann dieses Wort alles verwendet werden, bis es bedeutungslos wird? Mit der Gespenstermetapher ist es leicht, ins Beliebige und damit bestenfalls ins Unscharfe, schlimmstenfalls ins Mystifizierende abzudriften. Aber wenn die Metapher ein Werkzeug zur Beschreibung unserer Verhältnisse und ihrer Genese sein soll, dann muss sie scharf sein.

Wenn die Ablösung der Kirchenglocke durch die Turmuhr bereits als die Einführung jenes Zeitregimes gedacht wird, das bis heute weiterlebt, dann kommt schnell der Eindruck auf, dass da etwas ziemlich Prophetisches am Werk war. Oder zumindest etwas mit ordentlichem Durchhaltevermögen. Der Satz aus dem *Anti-Ödipus*, dass der Kapitalismus alle Gesellschaftsformen als ihr Albtraum heimgesucht habe, lässt sich entsprechend so verstehen: Den Kapitalismus zeichnet eine ganz bestimmte Art zu produzieren aus, deren Grundlagen, zum Beispiel die Entwicklung von Technologien zur Zeitmessung, sich bereits in vorkapitalistischen Gesellschaften herauskristallisiert haben. Das ist historischer Materialismus. Aber ist es auch schon Heimsuchung?

Dass sich Kapitalismus, bevor er existiert hat, bereits materiell angekündigt hat, ist ein astreines *not yet*. Etwas wurde für beendet erklärt, wirkt aber noch weiter: *no longer*. Etwas, das noch nicht existiert, wirkt bereits jetzt: *not yet*. Jede dieser beiden Zeitlichkeiten ist für sich genommen gut dazu geeignet, Gespenstergeschichten zu erzählen. Dialektische Hauntologie interessiert sich aber für die Momente, in denen die beiden sich überkreuzen, verschränken, gemeinsam wirken: in denen vergangene und zukünftige Gespenster miteinander in ein Gespräch treten. Kapitalismus funktioniert zwar auch dialektisch, aber nicht, indem er Zeitlichkeiten verschränkt, sondern indem er sie miteinander und aneinander ruiniert.

wir sind eine investitionsruine
statussymbol eines instabilen
herrschers
vision eines architekten im
wahn
man wird uns kontrolliert
sprengen
und wir werden in würde
in uns zusammenfallen

Jana Volkmann, *Investitionsruinen*, 2021

Hochgradig deplatziert thront der massive leerstehende Wohnbau in der südukrainischen Steppe. 1988, das Jahr seiner Errichtung, ist ihm in roten Ziegeln groß auf die Stirn geschrieben. Inzwischen komplett ausgehöhlt, wohnt den standardisierten Grundrissen seiner Wohnungen noch der Glaube an eine sozialistische Organisation von Wohnen, Arbeit und Gemeinschaft inne. Chruschtschowka heißt diese Art des Plattenbaus: ein Modell standardisierter Mustergrundrisse, Wohnungsbauserien und Typenprojekte, die in zentralen Projektinstituten entwickelt und in der ganzen Sowjetunion umgesetzt wurden.

Zwei Jahre nach Fertigstellung des Baus fällt der sowjetische Staat, wenige weitere Jahre später ist das Gebäude bereits gänzlich unbewohnt. Heute steht es als Ruine in der Landschaft, als materielles Versprechen einer Zukunft, die nie eingetreten ist. Die Bewohner:innen des Umlands bedienen sich der Ziegel, um Garagen zu bauen. Auch die Künstlerin entwendet einige der Ziegel aus dem Gebäude, um einen DIY-Spielplatz zu bauen, der noch während der Dreharbeiten von Jugendlichen zerstört wird.

Olena Newkrytas Film *Ruins in Reverse* führt eine merkwürdige zeitliche Dimension ins Nachdenken über Ruinen ein. Das Ruinöse erscheint darin als etwas, in das Orte und Gebäude nicht einfach verfallen, nachdem sie ihre Hochblüte erlebt haben, sondern vielmehr als etwas, das ihrer Konstruktion oft bereits eingeschrieben ist. 1988 lässt sich die Hoffnung auf eine Republik der Arbeiter:innenräte nicht mehr ohne ordentlichen Zynismus oder aber Selbstbetrug aussprechen. Gebaut wird an ihr dennoch. Das Bild der romantischen Ruine, die langsam in ihrem Prunk verfällt, weicht Bauten, die bereits vor ihrer Fertigstellung zu Ruinen geworden sind oder sogar als Ruinen geplant und entworfen wurden.

Vielleicht ist das ein angemesseneres Bild für die historische Bewegung des Kapitalismus als das der Heimsuchung. Es besagt dann nämlich, dass Kapitalismus nicht gespenstisch in seine eigene Vorgeschichte hineinwirkt. Sondern dass das zwar so scheinen mag, aber vorrangig deshalb, weil er in der Vergangenheit so viel Energie darauf aufgewendet hat, alle anderen möglichen Zukünfte zu zerstören und schon in ihrer Entstehung als Ruinen erscheinen zu lassen. Mit dem Effekt, dass die Anflüge und Möglichkeiten des radikal Anderen vergessen oder am besten gar nicht erst erfahren werden und Gegenwart wie die logische Verlängerung der Vergangenheit erscheint. Als hätte es gar nicht anders kommen können.

Ruinenbauen, das heißt: zersetzen, zerschlagen, demolieren von Lebens- und Gesellschaftsformen. Und das passiert nun eben nicht, damit das Bestehende sabotiert, sondern damit es aufrechterhalten wird. Damit der Glaube, dass es nicht anders sein kann, als es ist, materiell untermauert wird.

Und die Gespenster? Die sind die Bewohner:innen der Ruinen. Die, die beim Ruinenbau umkommen, die, die verschüttgegangen sind, die, die immer noch in den Trümmern wohnen. Denn wenn der Kapitalismus Ruinen baut, dann tut er das nicht, weil er selbst einziehen will. Er hat ja gar keine Zeit zu wohnen. Er ist nur der destruktive Designer, ein Architekt im Wahn, wie es bei Jana Volkmann heißt.

In der Art, wie Volkmann in ihrem Gedichtband den Begriff der Investitionsruinen durchspielt, steckt beides: die Investition als das, was Ruinen produziert, ebenso wie das, wofür die Ruinen benutzt werden. Investition als Ruine ebenso wie Investition in Ruinen. Das ist kein Nebeneffekt der Produktion, sondern das ausgemachte Ziel eines auf Krisen basierenden Systems. Die im Gedicht genannte kontrollierte Sprengung der selbstgebauten Ruinen ist Teil dieses Ziels. Bei Marx kommt das auch schon vor, er nennt es ursprüngliche Akkumulation.

Der Flachs sieht grad aus wie vorher. Keine Fiber an ihm ist verändert, aber eine neue soziale Seele ist ihm in den Leib gefahren.

Karl Marx, *Das Kapital* (*Band 1*), 1867

Die Diskussion darüber, wie sich das Fortwirken der 68er in die Gegenwart erzählen lässt – als Scheitern? als Korrumpierung? als Niederschlagung? –, ist in ähnlicher Form schon im 19. Jahrhundert geführt worden. Nur ging es da nicht um die Entwicklung von Gegenkultur hin zu Neoliberalismus, sondern um die von Feudalismus hin zu Kapitalismus.

Damals wie heute wurde gern von ›Ablösung‹ oder ›Übergang‹ gesprochen, als gäbe es so etwas wie lineare oder bruchlose historische Entwicklungen. Marx war es ein Anliegen, mit dieser Erzählung der bürgerlichen Ökonom:innen und Geschichtsschreiber:innen aufzuräumen. Die hatten für den Kapitalismus damals einen Gründungsmythos ersonnen, dessen Protagonistin eine besonders arbeitsame, intelligente und sparsame Elite war. Aus ureigener Kraft heraus habe sie Grundkapital akkumuliert und mit diesem Vorsprung gegenüber allen anderen die kapitalistische

Produktionsweise eingeführt. Als rationale, sanfte und gewissermaßen auch notwendige Ablösung des in die Jahre gekommenen Feudalismus.

Marx' Konzept der ursprünglichen Akkumulation, das er gegen Ende des ersten Bands vom *Kapital* einführt, lässt Geschichte deutlich anders klingen. Es geht darin um Enteignung, Landnahme, Kolonialismus, um juristische ebenso wie physische Gewalt; um eine Geschichte, die, in der berühmten Formulierung, mit Zügen von Blut und Feuer in die Annalen der Menschheit eingeschrieben ist.

Mit Zügen von Blut und Feuer greift ursprüngliche Akkumulation in die Art und Weise ein, auf die bislang gelebt, gearbeitet und gewirtschaftet wird. Produktionsweisen transformieren sich nicht geschmeidig oder gar selbstständig, sondern durch Prozesse gewaltsamer Enteignung und Umschichtung. Den Produkten, die diesen neuen Verhältnissen entspringen, ist der Wandel nicht anzusehen – der Flachs sieht aus wie vorher –, aber ihnen ist doch eine neue soziale Seele eingefahren.

Flachs wurde Mitte des 18. Jahrhunderts in Preußen von zahllosen individuellen Produzent:innen angebaut und in kleinen Gemeinschaften versponnen. Dasjenige Leinen, das produziert wurde, ohne von den Produzent:innen selbst verbraucht zu werden, konnten diese verkaufen und somit als Quelle von Extraeinkommen nutzen. Ihnen das Land zu entziehen, auf dem sie den Flachs anbauen, bedeutet, ihnen die Produktionsmittel zu nehmen. Sie müssen ihre Arbeitskraft dann denen verkaufen, die diese Mittel besitzen, um dieselbe Arbeit weiter betreiben zu können. Produzent:innen werden zu Arbeiter:innen, und Arbeiter:in zu werden bedeutet, die Produkte der eigenen Extraarbeit nicht mehr selbst einstreichen zu können. Sie müssen aber auch nicht, wie in feudalen Ausbeutungsverhältnissen, aktiv abgegeben werden, sondern gehen als Teil der produzierten Ware unmittelbar in den Besitz der Kapitalist:innen über.

Diese Dynamik des Kapitalismus, sich Mehrarbeit und entsprechenden Mehrwert anzueignen, wird gern als Problem der Verteilung thematisiert: Es sei ungerecht, dass die einen sich etwas einstecken, was von den anderen produziert wird und also eigentlich auch ihnen gehört. Als Lösung wird dann dementsprechend Umverteilung vorgeschlagen oder die Selbstbestimmung von Arbeiter:innen über den erwirtschafteten Wert. Dass es so leicht nicht geht, diese ernüchternde Aussicht steckt in Marx' Bild der neuen Seele, die dem Flachs in den Leib fährt. Mit dem Aufkommen der Warenform ändern sich soziale Verhältnisse, die ab diesem Zeitpunkt in den Dingen selbst zu wohnen beginnen. Und die kriegt man so leicht nicht aus ihnen raus. In ihrer Seele spukt es. Wenn das Ziel besteht, Verhältnisse von Ausbeutung abzuschaffen, dann muss deren Quelle und somit auch die Quelle des Spuks ausgemacht und ernstgenommen werden.

Um die gespensterhafte Seele der Ware wird es später gehen. Zuerst bleiben wir noch bei der ursprünglichen Akkumulation und bei dem, was sie mit der Zeit, mit den Bestrebungen und den Realitäten eines anderen Lebens angestellt hat, also bei den Umständen, unter denen es im Flachs überhaupt zu spuken beginnt.

Du sagst sowas wie,
wir verlieren jetzt was.
Das stimmt aber gar nicht,
präzise müsstest du sagen:
Wir verlieren die Chance,
etwas vielleicht zu bekommen.

Dietmar Dath, *Gentzen oder: Betrunken aufräumen*, 2021

Eine Gespensterforscherin, die sich weniger für Waren als für deren Abseits interessiert, ist Silvia Federici. Sie schreibt über ursprüngliche Akkumulation, um das Marx'sche Konzept einerseits zu schärfen und andererseits auf seine Leerstellen hinzuweisen.

Bei aller Bildlichkeit und Eindringlichkeit des *Kapital*-Kapitels lässt sich beim Lesen nämlich leicht der Eindruck gewinnen, bei der ursprünglichen Akkumulation habe es sich um ein einmaliges Ereignis gehandelt. Um einen gewaltsamen Einschnitt in gesellschaftliches Leben, in dem Produktionsmittel und -verhältnisse neu verteilt wurden und auf den dann die ›eigentliche Akkumulation‹ gefolgt sei, also um den Anstoß des bis in die Gegenwart schnurrenden Laufrads des Kapitalismus. Federici beharrt darauf, dass die ursprüngliche Akkumulation aber keineswegs ein singuläres Ereignis ist, das sich als abgeschlossenes in die Vergangenheit verbannen lässt. Sondern dass sie ständig passiert, dass sie essenzieller Teil von Kapitalakkumulation ist und deshalb auch überall dort zum Einsatz kommen muss, wo die Anhäufung von Kapital auf eine neue Stufe zu klettern versucht.

Ein Denken in Stufen hat uns allerlei Probleme beschert, weil diejenigen Strenggläubigen, die Marx nach dem Mund zu reden glauben, nicht von der Idee lassen können, dass die Entwicklung hin zum Kommunismus in klar aufeinanderfolgenden Schritten geschieht, die nun einmal eine Stufe nach der anderen nehmen müssen. Und eine unverhältnismäßig breit in den Fels gehauene Stufe ist in diesem Geschichtsdenken eben die des kolonialen, rassistischen, sexistischen Kapitalismus. Über die muss man leider drüber.

Federici sagt: *Not at all* muss man diese Stufe nehmen, so kommt man nämlich gar nirgendwo hin. Kapitalismus hat nichts damit zu tun, Träger irgendwelchen Fortschritts zu sein, und deswegen braucht man auch nicht kopfwackelnd mitgehen. Vielmehr war er von Anfang an eine Konterrevolution. Immer dort, wo neue Formen gemeinschaftlichen Lebens auftauchten, hat er sie niedergeschlagen. Solche Lebensformen traten im Mittelalter als soziale Kämpfe auf, als Praxen weiblicher Selbstbestimmung und Wissensproduktion oder als die gelebte Nutzung von Gemeingut abseits der feudalen Landgüter. Sie finden sich heute in sozialen Zusammenhängen, die Dynamiken jenseits der Kleinfamilie erproben, in der gemeinschaftlichen Verwaltung von Commons oder in intersektionalen politischen Kollektivierungsprozessen. Der Kapitalismus reagiert auf sie, indem er sie zerschlägt und einhegt. Das ist es, was Federici unter ursprünglicher Akkumulation versteht.

Und das ist es auch, was die historische kapitalistische Entwicklung antreibt: Zerstörung des Kollektiven, und nicht ein Zustreben auf einen am Ende des Fortschritts angesiedelten Zustand der endlich erlangten Idylle. Kapitalismus baut nicht Stufe für Stufe die Treppe zum kommunistisch zu erstürmenden Palast, sondern zertrümmert unentwegt die Hütten rundherum, um sie als Ruinen aus Wellblech und Karton wieder aufzubauen.

Diese Denkfigur erlaubt, etwas klarer darüber zu sprechen, wie und wo die Gespenster heute auftauchen. Wenn wir ursprüngliche Akkumulation als etwas verstehen, das nicht ein abgeschlossener Prozess ist, sondern permanent passiert, um mit größter Gewalt einen vermeintlich smooth laufenden Zustand der Gegenwart sicherzustellen, dann können wir die zerschlagenen Vergangenheiten als etwas in der Gegenwart negativ Fortbestehendes denken. Was fortlebt, nämlich für uns im Alltag erfahrbar fortlebt, sind nicht die irgendwann einmal aufgesprossenen Keime von alternativen Lebensweisen, sondern die Gewalt, mit der diese erstickt wurden. Was wir vor uns haben in Form von Arbeitsbedingungen, Produktionsverhältnissen und gesellschaftlich erfahrbaren Realitäten sind eben nicht spukende Gespenster, sondern die Ergebnisse ihrer versuchten Austreibung. Sie erscheinen uns als der Schutt und der Staub, der wie in Airas Roman durch die Bauarbeiten aufgewirbelt wird und die Umrisse der körperlosen Gespenster markiert. In den Konturen, die der Staub zeichnet, ist die Heimsuchung zu lokalisieren. Weil die Gespenster als Ankündigende eines *not yet* mit großem Kraftaufwand in ein *no longer* zu verbannen versucht werden, ist es genau ihre Abwesenheit, die heute spukt. Die Momente, in denen diese Abwesenheit erfahrbar wird, gilt es aufzuspüren.

9 to 5
Yeah, they got you
where they want you
There's a better life
And you think about it,
don't you?

Twenty four seven
stay here with me
Twenty four seven
throw away the key
Twenty four seven
I don't wanna be free

Dolly Parton, *Nine to Five*, 1980
Tina Turner, *Twenty Four Seven*, 1999

In der »No Linear Fucking Time«-Ausstellung im BAK wird eine berühmte Videoarbeit gezeigt, deren Datei offenbar beschädigt ist und die deshalb einmal pro Durchlauf kurz hängenbleibt. In dem Hänger steckt eine kleine poetische Kraft, durch die die Idee der Akkumulation von Zeit in der Gegenwart stärker erfahrbar gemacht wird als in der unbeschädigten Version der Arbeit.

Die Prämisse des *Time Clock Piece* von Tehching Hsieh, das von 1980 bis 1981 produziert wurde, ist schnell erklärt: Der Künstler hat eine Stechuhr in seinem Zimmer installiert, die er sich ein Jahr lang zu jeder vollen Stunde zu betätigen vorgenommen hat. Die Stechuhr ist an eine Kamera gekoppelt, deren Auslöser gedrückt wird und einen Frame ihres Films belichtet, sobald die Stundenkarte gestempelt wird. Neben Hsieh selbst, der sich zu Beginn des Jahres die Haare abrasiert hat, ist auch eine analoge Uhr mit im

Bild. Auf den entstehenden Fotos soll die Kombination aus abgebildetem Zifferblatt und sukzessive länger werdenden Haaren den Beweis dafür darstellen, dass wirklich ein Jahr lang und wirklich zu jeder der 24 vollen Stunden des Tages ein Foto aufgenommen wurde.

Die Arbeit wird manchmal auch als Installation ausgestellt. Als solche besteht sie aus 365 Spalten zu je 24 Fotos, die an die Wände gehängt sind. Zeit wird in ihr räumlich, eigentlich tabellarisch abgebildet. Die Fehler, die Hsieh im Laufe des Jahres unterlaufen sind, kommen in dieser Version sehr deutlich hervor: 134 Mal hat er seine konzeptuelle Vorgabe verletzt und den Auslöser nicht zur vollen Stunde betätigt. Die entsprechende Diskrepanz zwischen den 8760 angestrebten und den 8626 realisierten Fotos wird in den 24-Stunden-Spalten sichtbar, von denen einige schlicht um ein oder zwei Fotos kürzer sind als die anderen.

In der Videoversion werden die Fehler nicht bildlich erfahrbar gemacht, weil die Einzelbilder einander zu schnell ablösen. Das Ausgangsmaterial ist 16-mm-Film, von dem mit jedem Betätigen des Auslösers ein Frame belichtet wird. Die Abspielgeschwindigkeit von 24 Bildern pro Sekunde sorgt dafür, dass jeder Arbeitstag, bestehend aus 24 dokumentierten Stunden, genau eine Sekunde lang zu sehen ist. Die fehlenden 134 Frames knapsen den jeweiligen Tag in Hsiehs Video um je ein Vierundzwanzigstel ab, verkürzen also die Sekunden, die dem Film als Standardzeit innewohnen.

Die Fuck-ups in der Produktion machen das Jahr in der Rezeption um stolze 5 Tage und 13 Stunden kürzer. Würde man sehr genaue Ohren haben und die Arbeit mit Yuri Pattisons Beat abgleichen, der in atomarer

Genauigkeit durch das Gebäude vibriert, würde man die leichte Verschiebung irgendwann zu hören beginnen können. Diese Momente des Nicht-Fotografierens lassen sich, wenn man so will, als Momente des Streiks lesen. Obwohl Hsieh in Paratexten versichert, einen extrem lauten Wecker benutzt zu haben, hat er offensichtlich manchmal doch verschlafen. Oder war er sogar das eine oder andere Mal außer Haus, für mehr als eine Stunde am Stück?

Der potenzielle Streik wird in der beschädigten Video-Version, die im BAK gezeigt wird, direkt wieder gebrochen. Und zwar durch den Hänger der beschädigten Videodatei, durch die Pause im Film. Der Künstler ist im Wechsel von einem Frame auf den nächsten plötzlich eingefroren und blickt uns einige Sekunden lang als verschwommene Figur entgegen. Seine unscharfen Konturen lassen ihn ein bisschen gespenstisch wirken.

Während die Vorstellung von bestreikten Stunden die Frage eröffnet, was anstatt des stündlich dokumentierten Arbeitens geschah, macht der knapp fünf Sekunden lange Stillstand eine ganz andere Fantasie auf: nämlich die, dass eine bestimmte Stunde hundertmal so lang ist wie alle anderen. Die Gespensterstunde bekommt ein größeres Fassungsvermögen, nimmt mehr Raum ein. Eine Zeiteinheit dauert schlicht und einfach länger als die anderen. Um ungleich lange Stunden wird es später noch ausführlich gehen, zunächst soll noch der zeitliche Aspekt, der der nicht beschädigten Version der Arbeit innewohnt, beleuchtet werden.

Und zwar lässt sich das *Time Clock Piece* als 24/365-Stück beschreiben. Jonathan Crary hat ein 24/7-Buch geschrieben und macht darin eine gravierende Unterscheidung zwischen diesen beiden Angaben repetitiver Zeit auf: 24/365 impliziert laut ihm eine erweiterte Zeit, in der Dinge passieren können, die eine Weile zum Zubereiten brauchen, also Neues, vielleicht sogar Unvorhersehbares. 24/7 hingegen stellt weniger einen Zeitraum dar als eine statische Wiederholung: das immer gleiche und willkürliche Schema einer Woche, das losgelöst ist von der Möglichkeit, Erfahrung oder Entfaltung zu erleben.

Wichtig ist in Crarys Analyse, dass 24/365 durch 24/7 nicht abgelöst wird, sondern Letzteres als zusätzliche Temporalität ins Zeitregime des Kapitalismus eintritt. Die Vorstellung einer unidirektionalen geschichtlichen Entwicklung wird nicht ersetzt, sondern komplementiert von der Loop-Temporalität des 24/7. Die Forderung, lineare Zeit abzuschaffen, lässt sich dadurch in ihrem radikalen Klang hinterfragen. Denn spätestens mit der neoliberalen Konterrevolution führt der Kapitalismus selbst nichtlineare Zeitlichkeiten in seine Produktionsdynamiken ein. Es geht beides gleichzeitig: die permanente Ausbeutung von Mensch und Natur, die weiterhin auf dem Glauben aufbaut, lineares ökonomisches Wachstum sei mit einem Anstieg von gesellschaftlichem Reichtum gleichzusetzen, und die aktive Segmentierung von Zeit, durch die sie in immer kleinere Einheiten zerteilt wird, in denen sich jeweils nur das Berechenbare wiederholen soll. Mittels unfassbarer Mengen von Forschungsgeldern werden immer neue Wege gesucht, um Entscheidungsprozesse zu verkürzen, um die für nutzlos erklärte Zeit von Reflexion und Kontemplation auszuschalten oder um Care-Arbeit zu professionalisieren, und das heißt: zu ökonomisieren und Beziehungen zu unterbinden. Die gewaltige Energie, die in all diese Dinge fließt und die lineare Zeit in immer kleineren Loops um sich selbst kreisen lässt, ist das, was den sogenannten Fortschritt im Kapitalismus darstellt.

With the rise of logistical capitalism, it is not the product that is never finished but the production line, and not the production line, but its improvement. In logistical capitalism it is the continuous improvement of the production line that never finishes, that's never done, that's undone continuously.

Stefano Harney & Fred Moten, *All Incomplete*, 2021

Was Jonathan Crary beschreibt, ist kein besonders neues Phänomen. Es ist sogar so un-neu, dass es schon mal einen Namen hatte, der hip und berühmt war und sich mittlerweile wieder richtig verstaubt anhört. Der Name dieses Zeit-Einhegungsprojekts ist: Kybernetik.

Über Kybernetik wird heute aus mindestens zwei Gründen nicht mehr viel gesprochen. Der eine ist, dass ihre konkreten Methoden und Forschungsergebnisse in die Felder von Informationstechnologie und Systemtheorie eingezogen sind. Der andere ist, dass die gesellschaftlichen Implikationen der Kybernetik in dem aufgegangen sind, was neoliberaler Kapitalismus wurde. Der wird gern auch, mit Fokus auf andere seiner Charakteristika, digitaler Kapitalismus genannt oder logistischer oder eben, von denen, die am Begriff festhalten wollen, kybernetischer Kapitalismus.

Die Kybernetik ist eine ganz bestimmte Form der Gespensteraustreibung, die sich anhand von drei

Begriffen zusammenfassen lässt: Selbstregulierung, Feedback, Homöostase. Sie kam in den Fünfzigern auf, als Resultat von militärischen Forschungen aus dem Zweiten Weltkrieg, die auf eine lange sozialistische Vorarbeit aufbauten. Unter anderem auf die der Kosmist:innen, frühsowjetischen Künstler:innen und Wissenschaftler:innen, die den Kosmos besiedeln, die Endlichkeit des Lebens abschaffen und die Toten auferstehen lassen wollten und dafür so etwas wie eine Proto-Kybernetik entwickelt haben. Das ist aber eine andere Geschichte und muss an einem anderen Ort erzählt werden.

Fast forward in die frühen 1940er, als US-amerikanische Forscher:innen versuchten, die Flugbahn von deutschen Kampfflugzeugen vorauszuberechnen, damit die Geschütze dorthin schießen könnten, wo das Flugzeug im nächsten Moment sein würde. Systeme dieser Art zu entwickeln, die nicht nur rein mechanisch auf äußere Einflüsse reagieren, sondern diese vorausahnen und vorwegnehmen können, ist das zentrale kybernetische Anliegen.

Da die Kybernetik als Einheitswissenschaft konzipiert wurde, griff ihre Vorstellung von selbstregulierenden Systemen auf Maschinen ebenso wie auf die menschliche Psyche und auf Gesellschaft über. Selbstregulierend, das heißt, dass ein System so ausgeklügelt ist, dass es die verschiedensten äußeren Einflüsse wahrnehmen, deren destabilisierendes Potenzial registrieren und die erfahrenen Veränderungen sofort ausgleichen kann. Das passiert durch ständige Feedbackloops: Das System misst den Ist-Zustand, erkennt, wie weit er vom Soll-Zustand entfernt ist, und fährt die dementsprechende Strategie auf, um diesen Soll-Zustand wiederherzustellen. Das ist nämlich das, was der Kybernetik am Herzen liegt: Stabilität. Oder, in ihren eigenen Worten: Homöostase. Der Gleichgewichtszustand eines dynamischen Systems, der durch interne Regelungsprozesse hergestellt wird.

Der Homöostat sitzt im Herzen kybernetischer Maschinen. Er produziert ständig selbst Störungen, Ausscherungen und Irritationen, damit das System sie kennen- und auf sie zu reagieren lernen kann, für den Fall, dass sie als äußere tatsächlich einmal eintreten. Damit er dann schon genau weiß, was er tun soll. Die Kybernetik ist die Wissenschaft von der Berechnung möglicher Zukünfte, nicht damit auf sie hin zugearbeitet werden kann, sondern damit sie verhindert werden können.

Das ist auch das Ziel der ursprünglichen Akkumulation von Zeit im Neoliberalismus. Zeit wird nicht einfach abgeschafft, sondern eingehegt in die gegebenen Produktionslogiken. In denen gibt es auch ein prominentes *not yet*. Es ist aber nicht das *not yet* der Gespenster, sondern das der Feedbackloops: *Es ist noch nicht wieder Stabilität eingetreten.* Permanent wird abgetastet, vorausgeahnt, Zukunft kalkuliert, um immer und immer wieder aufs Neue Gegenwart herzustellen. Als ständig neu zu produzierende tritt die Gegenwart sich selbst gegenüber als das Fast-aber-gerade-doch-noch-nicht-Greifbare, als die Zukunft, die vor der Tür steht und hinter der sich genau dieselbe Tür wieder öffnet.

Dieses *not yet* ist das Noch-Nicht des Unfertigen, das nur dem Schein nach auf Fertigstellung abzielt. Es taucht bereits in der *Odyssee* auf, und zwar in der

Strategie von Penelope, mit der sie Zeit dehnt und gleichzeitig anhält. Penelope wartet jahrelang auf der Insel Ithaka auf die Rückkehr ihres Ehemanns Odysseus und wird dabei von Freiern belagert. Weil die immer aufdringlicher werden und sie bedrängen, doch endlich das Warten sein zu lassen und sich für einen von ihnen zu entscheiden, beginnt Penelope ein riesiges Tuch zu weben und kündigt an, einen der Männer zu heiraten, sobald es fertig ist. Ihr Trick dabei lautet, die tagsüber verknüpften Fäden nachts heimlich wieder aufzutrennen und so das Versprechen in die Unendlichkeit zu verschieben.

Im kybernetischen Kapitalismus wird diese Art, Zeit unendlich zu verlängern und dadurch anzuhalten, zur Norm von Arbeit: Kybernetisch-kapitalistische Zeitlichkeit ist ein gelooptes *not yet*, dessen zeitlicher Horizont aber nicht die Heimkehr von irgendwem (oder Niemand) ist, sondern die ständige Wiederholung von Knüpfen und Auftrennen.

Verbesserung, Optimierung und Erneuerung sind die Wörter, die in diesen Loops Achterbahn fahren. Sie hören sich an wie coole Bewegungen, wie Vehikel von Fortschritt. Dabei geht es ihnen, indem sie ungewisse Zukünfte durch absolut berechenbare und doch nie einzutreffende ersetzen, um das Gegenteil: nicht um den Übergang zu einer neuen Zeit, sondern um die Produktion eines Mangels, der die Gegenwart als stets unfertige und daher nicht zu verlassende konstruiert.

Der Kapitalismus schuf beileibe nicht, wie Marx es sich vorstellte, die materiellen Voraussetzungen für den Übergang zum Kommunismus, sondern erzeugte weltweit Mangel.

Silvia Federici, *Die Welt wieder verzaubern*, 2020

Leo Trotzki hat von der permanenten Revolution gesprochen und damit so etwas wie eine Anti-Kybernetik in die Revolutionstheorie eingeführt: Transformation wird der Homöostase vorgezogen, die Bereitschaft für ständige Veränderung deutlich über soziales Gleichgewicht gestellt. Die Formulierung wurde und wird von konservativen Lohnschreiber:innen mit großer Freude aufgegriffen und als Fantasie der argen Kommunist:innen missverstanden, die ununterbrochen Revolte feiern wollen. Ohne eine Begriffsdiskussion aufmachen zu wollen, lässt sich die Phrase entwenden und umdrehen, um das Sprechen von Kapitalismus als permanenter Konterrevolution vorzuschlagen.

Anstatt Konterrevolution als etwas zu denken, das immer nur konkret auf einzelne destabilisierende Ereignisse reagiert, könnte sie als etwas gesehen werden, das ständig passiert. Kapitalismus als kybernetisches System hat gelernt, kritische und bedrohliche

Elemente frühzeitig zu erkennen und auf sie zu reagieren. Das heißt: sie zum Teil zu bekämpfen, zum Teil einzuhegen und zum Teil sogar für sich produktiv zu machen. Der Homöostat in den Verhältnissen ist das Element, das revolutionäres Potenzial nicht zerstört, sondern es sich zur Optimierung der eigenen Produktionsprozesse aneignet.

Im neoliberalen Sprech heißt das ›improvement‹. Real heißt es: Produktion von Mangel. So nennt es Federici, um dem Fortschrittsglauben zu widersprechen. Von Mangel war auch im Marcuse-Zitat vorhin die Rede. Er sagt dazu Knappheit und schreibt, dass die Notwendigkeit, gesellschaftliche Zwänge weiterhin aufrecht zu erhalten, umso größer wird, je mehr die reale Basis dieser Zwänge, namentlich Knappheit und ›Unreife‹, wegbricht. Bei Marcuse geht es ums Wegbrechen von Knappheit, bei Federici um ihre ständige Produktion. Also was jetzt?

Es ist mal wieder irgendwie dialektisch. Reale Knappheit, die Knappheit natürlicher Ressourcen zum Beispiel, bedroht den Kapitalismus tatsächlich, und seine Fantasie unendlichen Wachstums muss Überstunden leisten, um diese Bedrohung zu verdrängen. Ein Mittel dazu ist die Produktion künstlicher Knappheit: die Vorstellung, es gäbe nicht genug für alle. Und in einem auf dem Verkauf von Arbeitszeit basierenden Wirtschaftssystem ist künstliche Knappheit immer eine Knappheit von Zeit.

Ich glaube, dass wir alle diese Knappheit in unsere Körper eingeschrieben kennen, wenn auch in unterschiedlichem Grad. Für mich ist ihre permanente, alltägliche und die Psyche zerrüttende Erfahrung der

Grund dafür gewesen, dieses Buch zu schreiben. Verstehen zu wollen: Woher kommt das Gefühl, dass es überhaupt gar keine Zeit gibt, irgendetwas zu tun? Warum meine ich, dass mir die Zeit ständig durch die Finger rinnt, dass ich sie nicht in den Griff kriege, sie nicht packen kann? Weshalb erfahre ich Fremdbestimmung so vorrangig in der Wahrnehmung von Zeit, die mir zur Verfügung zu stehen scheint oder eben nicht?

Es ging vorhin auch um den Wunsch, sich von Mark Fisher als Theoretiker zu entfernen und zugleich den in seinen Theorien aufgeworfenen Fragen nah zu bleiben. Was in seinem Schreiben aber nicht von ihm als Menschen getrennt werden kann und auch gar nicht versucht werden soll, ist die Politisierung psychischer Erkrankungen, die er von seinen ersten Texten bis zum Ende seines Lebens verfolgt hat. Depression, schreibt er, lässt sich zwar therapieren, aber unmöglich abschaffen oder verhindern oder auch nur verstehen, wenn sie nicht als Folge und Produkt sozialer Zusammenhänge gesehen wird. Und genauso wenig lassen sich Erfahrungen von Zeit, zum Beispiel der Frust darüber, zu wenig von ihr zu haben, um die Dinge zu tun, die man gern tut, oder die Wahrnehmung von Beziehungen als etwas, das vorrangig durch gegenseitiges Freimachen von Zeit ermöglicht wird, von Produktionsverhältnissen trennen.

Eigentlich könnten wir ja nämlich alle viel mehr Freizeit haben. Das wissen wir eh. Dass dem aber nicht so ist, dass wir alle trotzdem die ganze Zeit arbeiten müssen und das Gefühl haben, keine Zeit für Erfüllendes zu haben, das ist ein zentrales Ergebnis der permanenten Konterrevolution. Es ist das Gefühl, durch das die Produktion von Ruinen erfahrbar wird: als die ständige Produktion von kaputter, vollgeräumter Zeit, die diejenigen Zeitlichkeiten erdrückt, in denen Gespenster auftauchen könnten.

Wenn es gewaltsam wird, wenn real existierender Widerstand zerschlagen werden muss, dann ist das ein Baustellenunfall bei der Ruinenproduktion. Deren permanente Gewalt läuft im Normalfall so geschmiert, dass man sie nicht direkt mitbekommt, und die dabei verräumten Gespenster ebenso wenig. Zum Beispiel, indem Freiheit als etwas verkauft wird, das sich durch Arbeit erlangen lässt, und nicht etwa durch deren Abschaffung. Ruinenproduktion, Kybernetik, Konterrevolution sind nicht vorrangig ideologische Vorgänge, sondern werden ganz materiell produziert. Oder, präziser noch: Sie sind immanente Teile des Produktionsprozesses. Sie lassen sich ausmachen in deren kleinsten Elementen, den Waren. Und in denen spukt es immer schon ordentlich.

Nicht
jede
Stunde
ist
eine
Stunde

Tonight, I'ma fight
'Til we see the sunlight
Tick tock on the clock
And the party don't stop

Kesha, *TiK ToK*, 2009

1877 wird im Schweizer Juragebirge darüber diskutiert, ob die Einführung der internationalen Standardzeit eine erstrebenswerte Sache sei. Würde sie Fortschritt bedeuten oder einfach nur enorm mühsam sein? Bis es so weit ist, lässt sich am Telegrafenamt jedenfalls individuell entscheiden, ob ein Telegramm mit Gemeindezeit, lokaler Zeit, Fabrikzeit oder Kirchenzeit versendet werden soll. Einer derjenigen, die vor diese Wahl gestellt werden, ist Pjotr Kropotkin, der als Kartograf durch Frankreich und die Schweiz reist. Das Dorf Saint-Imier, in dem wenige Jahre zuvor die Anarchistische Internationale gegründet wurde, beschreibt er in seinem Telegramm an internationale Genoss:innen ehrfürchtig als Hochburg anarchistischer Gewerkschaftsorganisation. Kropotkin entscheidet sich dafür, das Telegramm mit Gemeindezeit zu verschicken.

Wofür Saint-Imier im späten 19. Jahrhundert auch in nicht anarchistischen Kreisen bekannt ist, sind die präzisen Uhrwerke, die in dem Dorf produziert werden. In Fabriken fertigen vor allem weibliche Arbeiter:innen Taschenuhren und Wecker, die weltweit gehandelt werden und die Grundlage für die nachhaltige Assoziation zwischen der Schweiz und den pünktlichsten Uhren herstellen.

Cyril Schäublins Film *Unrueh* nutzt das historische Ereignis von Kropotkins Aufenthalt im Dorf als Ausgangspunkt für eine Story, die sich weniger für den russischen Anarchisten selbst interessiert als für die Arbeitsverhältnisse, die diesem in Saint-Imier begegnen. In den holzvertäfelten Fabrikhallen wird bereits in den Regimen von Arbeitsteilung, Präzision und Kontrolle produziert, die deutlich später als Taylorismus bekannt und globalisiert werden: Die einzelnen Arbeitsschritte sind auf verschiedene Stationen, und das heißt: auf verschieden spezialisierte Arbeiter:innen aufgeteilt, Handgriffe ebenso wie Arbeitswege innerhalb der Fabrik werden von Männern in weißen Kitteln bemessen und streng kontrolliert, und bei der Auszahlung werden nicht nur die gestempelten Stunden gezählt, sondern es wird obendrein penibel überprüft, ob die Arbeiter:innen im Vergleich zur Vorwoche einen Anstieg in ihrer Produktivität zu verzeichnen haben.

Josephine, eine Arbeiterin, der der Film auf lose Weise folgt, arbeitet als *Regleuse*. Ihr kommt im Produktionsprozess die Aufgabe zu, die Unruh in die Uhren einzusetzen. Die Unruh wird gern als das Herz der Uhr bezeichnet, sie besteht aus einem balancierten Rad und einer Spirale und dient als Gangregler der Uhr, sorgt also für ihr präzises Gehen, für ihr Tick-Tack. Über eine Kollegin bekommt Josephine von dem

Versicherungsangebot der anarchistischen Gewerkschaft mit, das im Gegensatz zu allen anderen Versicherungen der Zeit auch unverheirateten Frauen zugänglich ist. Nicht in konspirativen Versammlungen, sondern seelenruhig während der Arbeitszeit organisieren sich die Arbeiter:innen in Schäublins Film gewerkschaftlich. Sie bereden sich zwischen einzelnen Arbeitsschritten und stimmen darüber ab, einen guten Teil ihres Gehalts an streikende Bahnarbeiter:innen in Baltimore zu überweisen, sie verkaufen nach der Arbeit Tombola-Lose und spielen bei einem Dorffest die Geschichte der jüngst niedergeschlagenen Pariser Commune nach, um Geld für die Streikkasse zu sammeln.

Konträr zum Titel des Films stellt *Unrueh* Arbeitskampf und Klassenkonflikt in allergrößter Ruhe dar. Er verzichtet auf gereckte Fäuste, von Massen skandierte Parolen oder in die Höhe gehaltene Banner. Er sieht sogar fast gänzlich ab von dynamischen Kameraeinstellungen und setzt stattdessen auf Tableaus ähnelnde Bildkompositionen, in denen das Geschehen immer relativ am Rand passiert. Als ich den Film zum ersten Mal im Kino gesehen habe, war ich mir die ersten Minuten lang sicher, dass der Projektor falsch eingestellt sein muss, weil die Bilder zum Teil richtiggehend abgeschnitten wirkten.

Sei es der Eintritt in die Gewerkschaft oder das Vorenthalten von Lohn, weil zu langsam gearbeitet wurde, sei es die Ermahnung der Arbeiter:innen untereinander, sich bei der Messung ihrer Arbeit extra Zeit zu lassen, oder ihre Kündigung, weil sie mit dem Anarchismus in Verbindung gebracht werden: Alle zwischenmenschlichen Interaktionen, ungeachtet ihres politischen Gehalts, tragen sich im Film in einer Höflichkeit und Unaufgeregtheit zu, die oft stoisch wirkt. Selbst der Kontakt zwischen Arbeiter:innen und Polizisten verläuft stets in sanftem Ton, egal, ob Letztere gerade die Uhren im Dorf nachstellen, die für die Streikkasse Lose verkaufenden Anarchist:innen verscheuchen oder Festnahmen vollstrecken.

Die fast meditative Ruhe, mit der *Unrueh* Konflikt darstellt, sorgt für ein besinnliches und darin befremdliches Schau-Erlebnis. Nach dem Kinobesuch mit einer Gruppe Genoss:innen, die in Wiener Arbeitskämpfen organisiert sind, erklärte eine Freundin, sie sei ganz unrund, weil es im Film so wenig »zur Sache« gehe: Der große Clash zwischen Arbeiter:innen und Fabriksbesitzer:innen werde zwar als dringend notwendig gezeichnet, bleibe allerdings schmerzlich aus und werde nicht einmal als Möglichkeit am Horizont angedeutet. Der Kampf, der in ›Klassenkampf‹ steckt, bleibt weitgehend unsichtbar, wenn es nach dem Film geht.

Und doch ist ›zur Sache gehen‹ genau das, was passiert: *Unrueh* wendet sich dem zu, was der Motor für die Dynamik der Ausbeutung ist, nämlich die Sache, das Ding. Im Herz der Uhr sitzt die Unruh, und im Herz der kapitalistischen Herrschaftsweise sitzt die Ware, die ihre ganz eigene und eigentümliche Unruhe mit sich bringt. Das vermittelt der Film nicht dadurch, dass die Uhren etwa als eigenständige Akteur:innen dargestellt werden – zum Glück. Er tut es vielmehr durch seine Erzählweise, die mit ihrem Fokus auf die historische Uhrenproduktion in Saint-Imier die Akte von Zeitproduktion, Zeitvereinheitlichung und

Zeitreglementierung als aufs Engste miteinander verwoben präsentiert. Im Kino wird so fast körperlich erfahrbar, dass Ausbeutung, Kontrolle und Konflikt nicht vom Akt der Warenproduktion zu trennen sind, sondern in dieser bereits in all ihrer Widersprüchlichkeit ihr Unwesen treiben.

Mit dem nützlichen Charakter der Arbeitsprodukte verschwindet der nützliche Charakter der in ihnen dargestellten Arbeiten [...]. Es ist nichts von ihnen übrig geblieben als dieselbe gespenstische Gegenständlichkeit, eine bloße Gallerte unterschiedsloser menschlicher Arbeit.

Karl Marx, *Das Kapital (Band 1)*, 1867

Nicht nur das *Kommunistische Manifest*, auch das *Kapital* eröffnet mit einem Gespenst. Es tritt da allerdings in seiner Arbeitskleidung auf, einem Bettlaken aus 20 Ellen Leinwand, und ist daher deutlich weniger berühmt. Der Anfang des Buches geht so: »Der Reichtum der Gesellschaften, in welchen kapitalistische Produktionsweise herrscht, erscheint als eine ›ungeheure Warenansammlung‹, die einzelne Ware als seine Elementarform.« Im Laufe des ersten Kapitels stellt sich heraus, dass das Ungeheuer in der »ungeheuren Warenansammlung« nicht nur als unüberblickbare Quantität verstanden werden will, sondern tatsächlich etwas nicht ganz Geheures meint.

Die Frage, mit der Marx' dicker Dreiteiler anhebt, ist ein Hauptdiskussionspunkt politischer Ökonomie zur Mitte des 19. Jahrhunderts, nämlich: Woher kriegen die Waren ihren Wert? Die Frage geistert schon viel länger im Raum herum, bereits Leute wie Aristoteles haben sich darüber den Kopf zerbrochen, und das Jahrhunderte bevor es Waren überhaupt gab. Der griechische Philosoph hat zum Beispiel über Sandalen nachgedacht und darüber, dass sie sowohl zur Beschuhung dienen als auch zum Austausch gegen andere Dinge. Die berühmte Dialektik von Gebrauchswert und Tauschwert tritt damit bereits mehr als 2200 Jahre vor Marx auf die Bühne, wenn auch noch nicht unter diesem Namen.

Eigentlich ist er aber irreführend, dieser Name, weil er den Anschein erweckt, es gebe zwei verschiedene Werte oder zwei Arten von Wert, die sich unterschiedlich berechnen lassen. Im *Kapital* ist die Unterscheidung eine andere. Dort steht, dass Waren sich dadurch auszeichnen, immer zwei Dinge zugleich zu sein: Gebrauchsgegenstand und Wert. Als Gebrauchsgegenstand lässt sich eine Sandale an den Fuß schnallen und in dieser Form kann sie der Trägerin viel wert sein, im Sinne von: viel bedeuten. Aber mit messbarem Wert hat das nichts zu tun. Das ist dem Tauschwert vorbehalten, der deshalb auch einfach nur Wert genannt werden kann. Und der ist nichts Mystischeres als diejenige Quantität an vergegenständlichter menschlicher Arbeitskraft, die zu seiner Produktion notwendig war. Er ist geronnene Zeit, Gallerte menschlicher Arbeit, oder eben, in Marx' proto-hauntologischer Sprache: gespenstische Gegenständlichkeit.

Gespenstisch an der Gegenständlichkeit ist, dass das, was die Dinge zu Waren macht – menschliche Arbeitskraft –, in den Waren immer anwesend und abwesend zugleich ist. Anwesend ist sie, weil Waren als Werte nichts anderes sind als Speicher von bereits aufgewandter Zeit. Abwesend ist sie, weil die Zirkulation der Waren ihre eigene Gegenständlichkeit als Zeitspeicher verschleiert. Niemand kauft sich irgendetwas und betrachtet diesen Kauf als direkten Eintausch von eigener, in der Vergangenheit geleisteter Arbeitszeit gegen das neu erworbene Produkt. Die Zirkulation der Waren sorgt dafür, dass sie als souveräne Objekte wahrgenommen werden, die wenig mit uns als reziproken Produzent:innen zu tun haben, und damit für ihre Unsichtbarmachung als gesellschaftliche Produkte.

Was also durch die Produktions- und Tauschdynamik von Waren verschleiert wird, ist diese Dynamik selbst. Und mit ihr die Einsicht, dass sich jede gesellschaftliche Bewegung im Kapitalismus vermittelt durch Waren vollzieht. Das ist nämlich eine weitere Kernthese im *Kapital*: dass sich Menschen mit dem Aufkommen des Kapitalismus erstmals in der Geschichte als Warenproduzent:innen gegenüberstehen, also Tauschbeziehungen miteinander eingehen, in denen das Tauschobjekt die eigene, vergegenständlichte Arbeitskraft ist. Das geschieht in den seltensten Fällen direkt, sondern meistens vermittelt über lange Ketten aus Geld-Ware-Geld-Ware-Geld-Ware-Gliedern. Aber die Komplexität von Austauschketten ändert nichts daran, dass permanent menschliche Arbeitszeit gehandelt wird. Die Waren als Gallerten menschlicher Arbeit vermitteln, in einer arbeitsteilig organisierten Gesellschaft, unsere sozialen Beziehungen. Ihre Zirkulation macht, dass die Grundeinheit geleisteter Arbeit permanent zwischen uns hin und her gereicht wird, auch wenn wir das effizient verdrängen.

Bürgerliche und liberale Ideologie unternimmt große Mühen, um Gegenbilder zu erfinden, die diese Einsicht übertünchen und abmildern. Im Nintendo-64-Spiel *Super Smash Bros.* gibt es einen Endgegner, der ein riesengroßer weißer Handschuh ist. In ihm werden Kinderfantasien von der Macht des eigenen Körpers real: Wenn er Zeige- und Mittelfinger ausstreckt und kleinen und Ringfinger abwinkelt, schießt er Pistolenkugeln. Wenn er alle Finger gen Himmel reckt, wird er zur Rakete.

Immer, wenn ich von der unsichtbaren Hand des Marktes höre, muss ich an diesen Handschuh denken. Obwohl er natürlich das Gegenteil ist, eine sichtbare Hand ohne restlichen Körper. Aber vielleicht ist Sichtbarkeit gar nicht das Gegenteil von Unsichtbarkeit, wenn es darum geht, die vermeintlich selbstregulierende Eigengesetzlichkeit des Marktes zu beschreiben. Es ist relativ egal, ob die Hand unsichtbar ist oder nicht, weil es in erster Linie darum geht, einen externen Agenten für die sozialen Beziehungen ausfindig zu machen, in die wir offensichtlich impliziert sind, die aber nicht von uns selbst hervorgebracht zu werden scheinen.

Der Videospiel-Handschuh heißt obendrein »Master Hand«, und im Vorspann von *Super Smash Bros.* bringt er auf einem animierten Schreibtisch Spielsachen und Büroartikel in Ordnung. Pseudo-gespenstische Bilder wie das der unsichtbaren Hand helfen dabei, tatsächlich gespenstische, nämlich dialektisch wirkende Kräfte zu verschleiern, die allein deswegen viel unheimlicher sind, weil sie keine externalisierten, outgesourcten Dynamiken darstellen, sondern von uns selbst beständig produziert und reproduziert werden.

Real ghosts
Roam the earth forever
Real ghosts
Didn't ask to be

Shellac, *Ghosts*, 2000

Einer der berühmtesten Versuche der letzten Jahre, das Genre der Gespenstergeschichte materialistisch aufzuladen, ist Bong-Jon Hoos Film *Parasite*. Er begleitet Ki-woo, den erwachsenen Sohn einer extrem prekär lebenden Arbeiter:innenfamilie, dem ein Job als Nachhilfelehrer im reichen Haushalt der Familie Park verschafft wird. Das Haus, in dem Ki-woo und bald auch der Rest seiner Familie arbeitet, wird als heimgesuchtes vorgestellt: Da-song, der jüngste Park-Sohn, ist seiner Mutter zufolge vor Jahren eines Nachts in der Küche einem Gespenst begegnet und seit dieser Begegnung nachhaltig traumatisiert.

Es dauert nicht lang, bis auch Ki-woo und seine Familie das Gespenst kennenlernen. An einem Wochenende, an dem die Familie Park campen ist, breiten sie sich in dem Haus aus und erträumen, wie es wäre, wenn sie es selbst besitzen würden. Dabei finden sie heraus, dass das Haus mit einem Bunker unterkellert ist, von dem die Familie Park selbst gar nichts weiß und in dem seit vielen Jahren ein Mann lebt. Er ist der Ehepartner der bisherigen Haushälterin, die sich, trotz ihrer Anstellung bei der vermögenden Familie, mit ihrem Mann gemeinsam keine eigene Wohnung leisten kann, weshalb sie ihn im Geheimen beherbergt und durchfüttert. Das Aufeinandertreffen der beiden prekarisierten Kleinfamilien im Keller des Luxushauses führt nicht im Entferntesten zu solidarischem Verhalten. Es bringt im Gegenteil eine Gewalt zum Ausbruch, die als erbitterter Kampf zwischen den Arbeiter:innen ihren Anfang nimmt und am Ende des Films schließlich aus dem Untergrund an die gutbürgerliche Oberfläche dringt.

Alles in dem Film ist unheimlich und dabei ganz und gar unmetaphysisch. Die Gespenster sind Menschen aus Fleisch und Blut und die unheimlichen Tiefen, aus denen sie aufsteigen, sind die Kellergänge eines schicken Einfamilienhauses. Die Heimsuchung der Familie Park, die sich zum ersten Mal nachts in der Küche, zum zweiten Mal am helllichten Tag ereignet, entpuppt sich als nichts anderes als die überkochende Wut und Verzweiflung der systematisch Ausgebeuteten, Unterdrückten und im wahrsten Sinne des Wortes Verdrängten.

Parasite bedient sich an Bildern und Erwartungshaltungen aus der Tradition des Gespenstischen, um von ganz materiellen Gegebenheiten zu erzählen, nämlich dem unversöhnlichen Gegenüberstehen zweier gesellschaftlicher Klassen. Nicht unsichtbare, abstrakte Dynamiken sind verantwortlich für die Gewalt, sondern Klasseninteressen, die sich in jeder einzelnen Handlung ihrer jeweiligen Repräsentant:innen niederschlagen. Dafür wurde er auch in linken Kreisen als scharfe Kritik gefeiert, als erfreulicher Einzug des Marxismus in die Academy Awards.

Der heterodoxe Marxist Moishe Postone hätte vermutlich über den Oscar für *Parasite* nicht gejubelt, und das aus anderen Gründen als aufgrund des Kulturindustrie-Pessimismus, für den seine Frankfurter Kollegen bekannt sind. Postone hat Mitte der Neunziger ein Buch geschrieben, in dem er genau die Auffassung von Klassenkampf, die den Film trägt, als traditionellen Marxismus benennt, im selben Atemzug verwirft und ihr eine andere Perspektive auf den Widerspruch im Kapitalismus gegenüberstellt. Das Buch heißt *Zeit, Arbeit und gesellschaftliche Herrschaft* und nimmt, wie von der Reihenfolge der Substantive im Titel bereits angedeutet, Zeit als Grundeinheit zuerst des Arbeitsprozesses und im Weiteren von Macht in den Blick.

Traditioneller Marxismus übt, so definiert Postone ihn, eine Kritik am Kapitalismus vom Standpunkt der Arbeit aus. Also eine Kritik, die sich emphatisch mit Arbeit und Arbeiter:innen identifiziert, Arbeit im Kapitalismus als pervertiert begreift und sie deshalb aus den Fängen der kapitalistischen Produktionsweise befreien will. Postone unternimmt im Gegenzug hierzu nicht eine Kritik aus der Perspektive der Arbeit, sondern eine Kritik der Arbeit im Kapitalismus selbst. Deren elementarsten Vorgang stellt der Verkauf von Lebenszeit dar, durch den der Wert von Arbeitszeit in den Wert der produzierten Ware übergeht.

Als dieser Text hier noch in seinen Kinderschuhen steckte und ich sein Konzept immer wieder herumerzählte, empfahl mir mein Freund Alexander Herzlinger das Buch von Postone. Es wurde meine Sommerlektüre, ich las wochenlang nichts anderes, weil es zum einen ordentlich fordernd ist und mich nur mit Babysteps vorwärtskommen ließ, und weil es zum anderen mein Verständnis von Marxismus im besten Sinne auf den Kopf stellte: durch den Vorschlag, Klassenkampf nicht als Kampf um die Verteilung von Mehrwert zu verstehen, sondern als Kampf um die Abschaffung der Wertproduktion als solcher und somit um ein ganz neues Verständnis von Arbeit.

Das herrschende Problem ist für Postone nämlich nicht ein Problem der Verteilung, weder eins der Verteilung des Reichtums noch eins der Verteilung der Produktionsmittel, sondern ein Problem der Produktion selbst. Im Arbeitsprozess, und das heißt: in der Produktion von Waren, sitzt bereits der gewaltige Widerspruch, der unsere gesellschaftlichen Verhältnisse strukturiert. Es handelt sich um das Wirtschaften mit menschlicher Lebenszeit, die im Moment ihrer Verwertung verdinglicht, also zu einer Eigenschaft externalisierter Objekte gemacht wird.

Weil Arbeit im Kapitalismus so vollständig eins ist mit der Logik von Wertproduktion, ist es Postone zufolge absurd, an einem Arbeitsbegriff festzuhalten, der als irgendwie unberührt von ihr gedacht wird. Arbeit strukturiert soziale Beziehungen und Arbeit produziert Wert. Dieser Doppelcharakter ist eben nicht zu verstehen als Interessenskonflikt, der sich analog als Clash von Klassen ausdrücken und auflösen lässt, sondern in erste Linie als Widerspruch zweier Arten von Zeit, die permanent gemeinsam produziert werden und einander zugleich durchkreuzen.

The commodity form has all the time in the world. Time that it takes into itself simultaneously, erasing the horizon over which some surplus of time might once have been.

McKenzie Wark, *All the Time in the World*, 2022

Die zwei Arten von Zeit, die im Kreislauf der Warenproduktion entstehen, hören auf die Namen abstrakte Zeit und historische Zeit. Um abstrakte Zeit ging es bereits vorhin kurz, bei der Ablösung von Kirchen- durch Uhrturmglocken. Abstrakte Zeit ist messbare, segmentierte Zeit, die die Verausgabung menschlicher Arbeitskraft sowohl aufzeichnet als auch vorschreibt. Unabhängig davon, was und wieviel in einer gewissen Zeiteinheit gearbeitet wird, also unabhängig vom Charakter der Arbeit und ihrer Qualität, misst abstrakte Zeit, wie viele Stunden lang die Ware Arbeitskraft zum Einsatz gebracht wird. Nachdem menschliche Arbeitskraft die einzige Ware ist, die mehr Wert produzieren kann, als sie zu ihrer Reproduktion benötigt, ist es nachvollziehbar, wieso sie so heiß begehrt ist. Die Akkumulation und Verwertung von Mehrwert basiert auf der ständigen Wiederholung und dadurch erwirkten Anhäufung von abstrakter Zeit.

Historische Zeit bezeichnet etwas ganz anderes. Zu ihrer Erklärung muss zuerst noch eine dritte Zeitkategorie aufgemacht werden, nämlich gesellschaftlich notwendige Arbeitszeit. Gesellschaftlich notwendige Arbeit ist die Durchschnittsgröße an Zeit, die es zum gegebenen Zeitpunkt und dem entsprechenden Stand von Produktivkraft braucht, um eine spezifische Ware zu produzieren. Wenn tollere Maschinen, bessere Technologien erfunden werden, dann wird die gesellschaftlich notwendige Arbeitszeit, die es für die betreffende Ware braucht, reduziert. Dann könnten wir, in der Theorie, alle etwas weniger arbeiten, und das bei einem gleichbleibenden Niveau an gesellschaftlichem Reichtum.

Das alles klingt zwar wie aus einem Seminar mit dem Titel »Utopie für Anfänger:innen«, aber es ist nötig, immer wieder darauf hinzuweisen, einfach, damit das Schreckgespenst der ständigen Angst vor Arbeitsplatzverlust durch Automatisierung als das kenntlich gemacht wird, was es ist: das Produkt einer irrationalen und menschenhassenden Wirtschaftsweise. Einer Wirtschaftsweise, die der Aussicht auf die Verringerung von Arbeit, die in anderen Verhältnissen ein ausschließlich schönes Versprechen sein könnte, nur mit der Peitsche vom Mangel zu begegnen weiß. Das Produkt einer Wirtschaftsweise also, die auf der Akkumulation von abstrakter Zeit und der mit ihr verknüpften Logik von Wertproduktion fußt und daher absolut kein Interesse daran hat, menschliche Arbeitszeit zu reduzieren, selbst wenn das gut und gerne möglich wäre.

Historische Zeit umfasst nun die Gesamtheit vergangener Arbeit, die von angehäufter abstrakter Zeit verdrängt wird: die physische, maschinelle wie geistige

Arbeit, die dafür gesorgt hat, heute auf bestimmte Weisen produzieren zu können und auf bestimmte andere Weisen nicht mehr arbeiten zu müssen. Sie ist nicht in Jahren messbar, sondern in der Menge und Qualität von Arbeit, die in der Vergangenheit geleistet wurde und die dafür sorgt, dass gesellschaftlich notwendige Arbeitszeit ordentlich reduziert werden könnte.

Historische Zeit beschreibt also ein Verhältnis der Gegenwart zu ihrer Vergangenheit. Sie ist eine sehr konkrete Art, die hauntologische Grundprämisse zu verstehen, der zufolge scheinbar abgeschlossene Ereignisse im Jetzt fortwirken und dieses Jetzt auf Weisen gestalten, die selten unmittelbar sichtbar sind. Im Falle von historischer Zeit wirken sie nicht als Rachegespenster, sondern als Versprechen oder zumindest als Möglichkeiten eines anderen Wirtschaftens und Lebens. Als Versprechen einer Organisation des Sozialen, die viele tradierte Weisen, Arbeit zu verteilen, als obsolet vorstellbar macht, als nicht mehr sinnvoll und somit *no longer* notwendig.

Die gespensteraustreibende Dynamik, die in der permanenten Konterrevolution namens Kapitalismus steckt, arbeitet ohne Pause, um den Glauben aufrechtzuerhalten, dass die aktuellen Arbeits-, Produktions- und Lebensweisen die objektiv notwendigen und sogar rationalen sind; dass wir *not yet* soweit sind, historische Zeit zu sich, oder besser: zu uns kommen zu lassen und dem Kapitalismus ein für alle Mal den Garaus zu machen. Dafür wird dieses *not yet* ständig in eine Zukunft verbannt, die vermittels der Akkumulation von abstrakter Zeit als permanente Gegenwart immer gleich weit entfernt gehalten wird.

Don’t you want to hear
what’s on the other side?
Well, don’t you?

Hari Kunzru, *White Tears*, 2017

Hari Kunzru hat einen Gespensterroman geschrieben, in dem das Gespenst kein Mensch ist, sondern ein Song. In *White Tears* geht die Heimsuchung von einer in ihrer gespenstischen Gegenständlichkeit besonders prekären Ware aus. Sie ist nicht nur verhältnismäßig immateriell, es wird im Laufe des Texts obendrein stetig unsicherer, ob sie überhaupt jemals existiert hat, bevor sie als Gespenst wiederzukehren begann.

Der Song taucht im Studio zweier junger weißer Männer in New York auf, Seth und Carter. Die beiden sind als Produzenten heiß begehrt, bei Indie-Bands wie bei Hip-Hop-Artists gleichermaßen, und zwar vor allem aufgrund ihrer beeindruckenden Sammlung von Platten aus den Zwanzigern und Dreißigern, denen sie seltene und entsprechend wertvolle Samples abzugewinnen wissen.

Es geht im Roman von Beginn an um Besitzverhältnisse, um die Legitimität von Musikgeschmack und die

Frage, wer und warum rechtmäßigen Anspruch auf die leidenschaftliche Beschäftigung mit bestimmten kulturellen Formen erheben darf. Das geschieht angenehmerweise nicht moralisierend, sondern durch das Erfahrbarmachen der materiellen – und darin immer gewaltvollen – Realitäten, die Besitz strukturieren.

Carter etwa kauft all das Studio-Equipment mit Geldern aus einem Trust Fund seiner Familie, die durch die Verwaltung von Gefängnis-Infrastrukturen in den USA zu immensem Reichtum gekommen ist. Seine Liebhaberei von Blues-Platten der ersten Stunde, ultraseltenen 78-rpm-Singles und rauschenden, ›authentischen‹ Aufnahmen auf abseitigen Mini-Labels wird in der Erzählung beständig verknüpft mit der ökonomischen Sicherheit und Sorgenlosigkeit, die seine Leidenschaft stützt.

Sein Studio-Partner Seth kommt aus weniger wohlhabenden Verhältnissen und ist dadurch auf Carters Großzügigkeit und Kooperationswillen im gemeinsamen Arbeiten angewiesen. Während Carter sich im Analog-Fetisch vergräbt, geht Seth oft tagelang mit kleinen Richtmikros in den Ohren durch die Stadt und nimmt die Sounds auf, die ihm begegnen, um sie anschließend in Samples zu verwandeln. Einmal erwischt er, bei einem Schachspiel im öffentlichen Raum, einen ungewöhnlich melodiös gesprochenen Satz, der, als er die Aufnahme später im Studio anhört, zu einem ganzen gesungenen Lied angewachsen ist. Als wäre dieses Eigenleben der aufgenommenen Sprache nicht bereits unheimlich genug, kommt Seth wenig später an einem Straßenmusiker vorbei, dessen Gitarrenspiel sich so perfekt unter den Gesang legen lässt, als hätten die beiden Melodien schon immer zusammengehört. Ihm selbst wird die Sache schnell zu unheimlich, aber Carter entwickelt eine Obsession mit dem aufgenommenen Material, mischt die beiden Tracks im Studio zusammen, lädt das entstandene Lied auf Filesharing-Plattformen hoch und gibt es als seltenen, erstmals digitalisierten Fund aus den Fünfzigern aus. Er erfindet einen Titel für den Song (»Graveyard Blues«), einen Namen für den Sänger (Charlie Shaw) und dichtet die Platte einem unbedeutenden Mini-Label an.

Die Hörer:innen auf den Plattformen sind begeistert. Die Reaktion einer Person, die sich auf jeder einzelnen Plattform per Kommentar zu Wort meldet, sticht allerdings als merkwürdige hervor: Ein Mann namens JumpJim erfragt unbeirrbar, was auf der B-Seite zu hören ist. Er kenne den »Graveyard Blues« von Charlie Shaw, und möchte wissen, was der zweite Track der Platte sei. Was zunächst einfach wie Trolling oder alternativ wie Verwirrtheit wirkt, stellt sich bald als unheimlich real heraus: Der Song, den Carter und Seth aus New Yorker *field recordings* der Gegenwart zusammengefügt haben, hat wirklich bereits einmal existiert, und zwar mit genau dem Titel und gesungen von jenem Mann, den Carter zum Spaß erfunden zu haben glaubte.

Von diesem Moment an biegt der Roman in den Horror ab. Zuerst Carter und dann weitere Mitglieder seiner Familie werden auf grausame Weise ums Leben gebracht, von einer gespensterhaften Entität, von der Seth überzeugt ist, dass sie in Charlie Shaws Song lebt. Er selbst reist, nach einem langen Gespräch mit JumpJim, der ihm von seiner eigenen Begegnung mit dem

Song vor mehreren Jahrzehnten erzählt, in die Südstaaten der USA, getrieben von dem Wunsch, den ehemaligen Wohnort von Shaw zu finden.

Dieses suchende Begehren nach dem Ursprung des Spuks ist ein ganz zentrales in hauntologischen Theorien wie jener von Derrida. Um der wiederholten Gewalt ein Ende zu setzen und das unkontrollierte Fortleben des Gespensts handhabbar zu machen, ist es ihnen zufolge notwendig zu wissen, wo der:die Tote begraben liegt. Das Grab, die Quelle des Spuks, muss ausgemacht werden, um der Heimsuchung habhaft zu werden, um das Gespenst aus dem Haus zu treiben, um die Besessenheit in Besitz zu transformieren.

In *White Tears* ist dieser Versuch zum Scheitern verurteilt: Charlie Shaw hat kein Grab. Sowohl der Ort als auch die Umstände seines Todes bleiben ungeklärt, und anstatt von einem lokalisierbaren Ort aus zu spuken, kehrt er im Körper verschiedener Menschen wieder – zuletzt in Seths eigenem Körper. Schließlich wird sogar in Zweifel gezogen, ob Charlie Shaw den »Graveyard Blues« jemals tatsächlich aufgenommen hat oder ob er nicht bereits verstarb, bevor die geplante Recording Session stattgefunden hätte. Nicht nur der Ort des Grabs, sondern sogar das Medium des Spuks, die heimsuchende Ware, wird in ihrer Materialität in Zweifel gezogen, und mit ihr die zeitliche Kausalität von Produktion und Reproduktion.

Der »Graveyard Blues« ist ein unheimlich gutes Bild für das Gespenst des Kapitalismus. Falsche Kapitalismuskritik versucht beständig, Momente zu fixieren, von denen die kapitalistische Bewegung der unaufhörlichen Akkumulation ausgeht, seien es Einzelpersonen, verschwörerische Gruppen oder, wie vorhin besprochen, mechanisch gedachte Klassenverhältnisse. Dabei ist diese Bewegung eben nicht auf singuläre Momente reduzierbar, die irgendwo ihren Ursprung haben und dann wiederkehren. Sie erlangt ihre gespensterhafte Form durch die Akkumulation von abstrakter Zeit, durch Selbstverwertung von Wert und Reproduktion ohne Ursprung. Durch beständige Produktion, Produktion, Produktion, in der die materiell erfahrbaren Widersprüche, etwa die Aufteilung der Gesellschaft in Klassen, mitproduziert werden.

Eines der treibenden Elemente in *White Tears* ist die wahnhafte Suche nach der ›other side‹. Zum einen ist damit der Song auf der B-Seite vom »Graveyard Blues« gemeint, zum anderen das Jenseits des Gespensts, durch dessen Beherrschung Seth den Spuk, der Carters Familie anhaftet, stoppen zu können hofft. In einem späten Kapitel des Romans, in dem Realität und wahnhafte Gespensterlogik bereits nicht mehr voneinander zu scheiden sind, wird die B-Seite der Platte – unklar, woher sie kommt und ob es sie tatsächlich gibt – endlich abgespielt. Sie ist zum einen das Nächste, an das die Suche nach der Realität des Gespensts herankommt, Bestätigung der Echtheit der heimsuchenden und gesuchten Platte. Zum anderen stellt sie sich als die niederschmetternde Antwort auf jede Hoffnung darauf heraus, ein Abseits des Gespenstischen zu lokalisieren. Denn das Lied ist nichts als ein bitteres Lachen, das Seth als Charlie Shaws Lachen und zugleich als sein eigenes beschreibt und als den schrecklichsten Klang, den er jemals gehört hat: ein sich über dreieinhalb Buchseiten erstreckendes »ha ha ha ha«.

Der fetischistische Antikapitalismus verharrt an der Oberfläche, spielt Untrennbares gegeneinander aus und verwandelt die abstrakte Herrschaft des Kapitals in eine personale Herrschaft der Kapitalisten. [...] Der Kapitalismus wird nicht als »die unmittelbare Einheit von Produktion und Zirkulation« kritisiert, sondern aufgespalten. Aus dem Doppelcharakter der Ware werden zwei Entitäten: die Produktion von Gebrauchswerten (konkrete Arbeit) und die Zirkulation von Tauschwerten (abstrakte Arbeit).

Andreas Peham, *Kritik des Antisemitismus*, 2022

Verkürzte Kapitalismuskritik, und das heißt in den allermeisten Fällen auch antisemitische Kapitalismuskritik, sucht beständig nach der ›other side‹: nach der Produktion ohne Zirkulation, nach dem vom Tauschwert unbefleckten Gebrauchswert, nach einem Schritt aus dem Doppelcharakter der Ware hinaus.

Gerade mit dem Wissen um diese Tendenz zur Verkürzung ist es wichtig, den Widerstreit von abstrakter Zeit und historischer Zeit nicht als einen zu denken, der sich an der falschen Binarität von abstrakter und konkreter Arbeit orientiert. Sondern als Versuch, ein dynamisches Verhältnis zu beschreiben, das durch einen Widerspruch zwischen dem Potenzial und der Realität der Transformation von Zeitlichkeit strukturiert ist.

Weil: Wenn die Entwicklung von Produktivkraft bedeutet, dass immer weniger menschliche Arbeitskraft benötigt wird, um gesellschaftlichen Reichtum zu produzieren, und zugleich die Akkumulation von Wert, auf der die Bewegung von Kapitalismus aufbaut, auf die Verausgabung dieser menschlichen Arbeitskraft angewiesen ist, dann können wir von einer Dynamik sprechen, die die Möglichkeit ihrer eigenen Abschaffung produziert und sie im selben Moment beständig unterbinden muss. Die Notwendigkeit, menschliches Leben vor allen Dingen um wertgenerierende Arbeit herum zu strukturieren und zu organisieren, ist objektiv längst nicht mehr gegeben, aber die historische Chance, Kapitalismus zu zerschlagen und in etwas radikal anderes zu transformieren, steht ganz offenbar gerade trotzdem nicht vor der Tür.

Angesichts dieser Dynamik, die sich selbst gleichermaßen stabilisiert wie destabilisiert, lässt sich dem Gespenst des Kapitalismus endlich ein Name geben: die Abschaffung von Arbeit. Sie spukt in ihm als der Horizont seiner Entwicklung und muss von ihm gerade deshalb mit größter Gewalt beständig ausgetrieben werden. Die Abschaffung von Arbeit als die Abschaffung derjenigen alle unsere Beziehungen strukturierenden Tätigkeit, die organisiert ist durch die Produktion von Wert, sucht die permanente Gegenwart heim, als die der Kapitalismus sich fortwährend reproduziert. Nichts ist unheimlicher und nichts ist begehrenswerter, als dass wir dieses Gespenst zu sich kommen lassen und das Versprechen seines Spuks einlösen. Dafür braucht es aber einen Begriff von Arbeit, zu dem man nicht kommt, wenn man ausschließlich Typen wie Marx und Postone zitiert, so cool sie auch sind. Sondern indem diejenige Arbeit in den Blick genommen wird, die im Kapitalismus immer schon zu Nicht-Arbeit abgewertet werden muss, um seine Zeitverdrängungsarbeit zu ermöglichen.

Exit the Gespensterhaus

I need something that
I can count on
I need a calculator
I need a clock

June Jones, *Therapy*, 2021

Jetzt ging es die ganze Zeit um Fabriken, oder jedenfalls um eine Art, über Arbeit zu sprechen, die eher an Fabriken denken lässt als zum Beispiel an Küchen. Bekanntlich suchen Gespenster aber meistens nicht Fließbänder heim, sondern eben: Heime. Wenn das Gespenst des Kapitalismus die Abschaffung von Arbeit ist, was bedeutet seine Heimsuchung dann mit Blick auf die Arbeit, die nicht in der Fabrik, sondern im Häuslichen geleistet wird?

Das stündliche Betätigen der Stechuhr in Tehching Hsiehs *Time Clock Piece* zieht nicht nur Zeit zusammen, sondern auch Raum. Die Fabrik und das eigene Heim fallen räumlich zusammen, in diesem Fall im Raum des Ateliers, weil Hsieh in den kurzen Stunden zum Schlafen wohl kaum an einen ganz anderen Ort gegangen sein wird. Durch seine Verdichtung von Privatraum, Arbeitsplatz und Stätte der Kunstproduktion erscheint Hsiehs Stück aus den frühen Achtzigern heute geradezu prophetisch. Es nimmt sich aus wie ein Vorgriff auf flexibilisierte Arbeitsregime, die erst in den letzten paar Jahren weitläufig zur Selbstverständlichkeit geworden, aber mittlerweile nicht mehr wegzudenken sind und in denen die Grenze zwischen Arbeits- und Privatleben zeitlich wie räumlich möglichst verunklart wird.

Das Gegenbild zu dieser neuen Selbstverständlichkeit ist die berühmte Lumière-Filmaufnahme von den Arbeiter:innen, die wuselnd die Fabrik verlassen. Anachronistisch ist sie spätestens in dem Moment geworden, in dem Stechuhr und Bett nicht mehr an unterschiedlichen Orten angesiedelt waren, sondern sich ein Zimmer zu teilen begannen. Im Neoliberalismus verschmilzt Arbeit mit dem Leben, die Fabrik mit dem Privaten, und das Zauberwort der individuellen Karriere beschleunigt die unheilvolle Legierung.

Der Zeitraum, in dem dieses Zauberwort seine Kraft entfaltet hat, fällt in die Post-68er-Jahre. Eine der Erzählungen von Revolution und Konterrevolution dieser Zeit schlägt eine direkte Kausalität zwischen dem Zauberwort und der Rolle vor, die Kunst und Künstler:innen in diesen Jahren gespielt haben. Die Erzählung stammt von Ève Chiapello und Luc Boltanski. Die beiden haben ein Buch namens *Der neue Geist des Kapitalismus* geschrieben, in dem sie zwei Arten von vorherrschender Kritik in den Siebzigern unterscheiden: Sozialkritik und Künstler:innenkritik. Während Sozialkritik die soziale Ungleichheit im Kapitalismus attackiert, richtet sich Künstler:innenkritik vor allem gegen seine Tendenz, die Autonomie von Individuen einzuschränken. Die Forderung, die von Letzterer ausgeht, hat daher nicht Umsturz und die Aneignung der Produktionsmittel, sondern individuelle Freiheit, Selbstverwirklichung und ein sinnstiftendes Leben zum Gegenstand. Chiapello und Boltanski zufolge sind das genau die Forderungen, die sich der Neoliberalismus mit größter Freude einverleibt und in neue Regime des Selbstmanagements überführt hat: in die Fantasie des unternehmerischen Selbst zum Beispiel, mithilfe derer sich sogar Angestellte als Unternehmer:innen ihres Lebens fühlen können und sich dabei umso effektiver ausbeuten lassen.

Diese Ablösung von Arbeitsregimen geht auch einher mit einem Perspektivenwechsel im Kampf um Zeit. Die Reduktion der Arbeitswoche, eine der ältesten sozialistisch-sozialdemokratischen Forderungen, rückt im Denken des individuellen Unternehmer:innentums deutlich in den Hintergrund, sobald es nicht mehr vorrangig darum geht, nicht ausgebeutet zu werden, sondern darum, in der eigenen Arbeit aufzugehen. Gegen diese neuen Methoden von Fremd- und Selbstausbeutung schreibt Jonathan Crary in seinem Buch *24/7* wütend und entsprechend lustvoll an. Eine 24/7-Temporalität, die keinen Begriff von Pause mehr hat, weder im Privaten noch im Gesellschaftlichen, ist für ihn die Zeitlichkeit, die der größtmöglichen Entgrenzung von Arbeit entspricht und vermittels derer alles Leben in die Logik von Wertproduktion eingeordnet wird.

Das liest sich alles sehr einleuchtend und in seiner Wut auch ansteckend. Aber nicht alles, was neoliberal ist, ist auch neo. Leicht lässt sich beim Lesen von Texten wie Crarys der Eindruck gewinnen, dass es sich bei der beschriebenen Zeitlichkeit um eine handle, die ungefähr zeitgleich mit dem Silicon Valley entstanden, dass 24/7 also eine verhältnismäßig junge Temporalität sei. Es stimmt zwar, dass entlohnte Arbeit mit dem Siegeszug des Neoliberalismus immer krasser entgrenzt wird, aber es bleibt eine relativ maue Klage, wenn nicht gleichzeitig mitbenannt wird, dass es ziemlich viel Arbeit gibt, die auch zuvor schon in genau dieser zeitlichen Entgrenzung verrichtet wurde, und dabei meistens unbezahlt.

Der Loop von Kochen-Abwaschen-Aufräumen-Putzen etwa hat sich noch nie an stempelbare Arbeitszeiten gehalten. Arbeiten dieser Art werden deshalb gern als ›unsichtbar‹ bezeichnet. Mir erscheint die Kritik an der Unsichtbarkeit von reproduktiver Arbeit, mit ihrer Komplementärforderung nach mehr Sichtbarkeit, politisch oft etwas kurz gegriffen. Darum geht es gleich genauer. Auf ganz grundlegende Weise trifft die Diagnose der Unsichtbarkeit aber sehr wohl zu, wenn man von Leuten wie Crary, Postone oder, zu einem gewissen Grad, auch Marx spricht: Für sie ist diese Arbeit nämlich wirklich unsichtbar genug, um sich nicht groß um sie kümmern zu müssen. Reproduktive Arbeit macht aktuellen Studien zufolge in europäischen Ländern zwei Drittel der gesamten gesellschaftlichen Arbeit aus. Dass über weite Strecken erfolgreich so getan wird, als handle es sich bei ihr um gar keine Arbeit oder nur um irgendeinen Nebenschauplatz, als wäre sie nicht ganz zentral an der Waren- und Wertproduktion beteiligt, ist eine der gewieftesten Tricks und brutalsten Errungenschaften der kapitalistischen Wirtschafts- und Denkweise, die offensichtlich selbst viele ihrer schärfsten Kritiker:innen nach wie vor fest im Griff hat.

My mother worked fifteen
hours five days a week
My mother worked sixteen
hours six days a week
My mother worked seventeen
hours seven days a week
[...]
I know nothing, I'm just sitting
here looking at pretty colours

IDLES, *Mother*, 2017

Ich habe ziemlich lang nicht genau verstanden, warum es reproduktive Arbeit heißt. Ich dachte, es ginge darum, dass die Arbeit sich selbst ständig reproduziert, im Sinne von: nie endet. Kochen, mit dem Kind spielen, einen Menschen baden – das sind schließlich alles Tätigkeiten, die nichts Finales produzieren. Es kommt keine in Geld einzutauschende Ware heraus, sondern vor allem die Notwendigkeit, die Arbeit wieder und wieder zu verrichten.

Das ist nicht ganz verkehrt, aber ganz richtig ist es auch nicht. Reproduktive Arbeit produziert sehr wohl eine Ware, nämlich die Ware menschliche Arbeitskraft. Dass das dennoch nicht nach produktiver Arbeit aussieht, liegt zum einen an den Eigenheiten dieser Ware, die im Moment ihres Verbrauchtwerdens in die gegenständlicheren Waren Einzug hält und von da an als Eigenschaft Letzterer wahrgenommen wird. Zum anderen liegt es aber auch daran, dass die

Produktion in reproduktiver Arbeit mehrfach zeitversetzt passiert.

Reproduktive Arbeit macht bestimmte Waren, die für den Erhalt und die Wiederherstellung von Arbeitskraft notwendig sind, konsumierbar. Das eingekaufte Gemüse muss gekocht, die industriell produzierte Bettdecke bezogen, die dreckige Kleidung gewaschen und zum Trocknen aufgehängt werden. Das ist alles verhältnismäßig unmittelbar, im Sinne von: Das geschieht regelmäßig, vielleicht mehrmals pro Tag, und die Notwendigkeit der Arbeit reproduziert sich analog mit ziemlich konkreten Bedürfnissen.

Reproduktive Arbeit bedeutet darüber hinaus auch, sich um Menschen zu kümmern, die nicht am nächsten Tag in die Lohnarbeit gehen: um Kinder, um alte Menschen, kranke Menschen. Hier wird die Unmittelbarkeitsrechnung deutlich kniffliger. Produziert wird nicht direkt die Ware Arbeitskraft, sondern eher deren Trägermedium, die Arbeiter:in selbst. Linda McDowell nennt das einen ›temporal lag‹: die Verzögerung, die zwischen dem Akt des Arbeitens und seinem Produkt liegt. Die Arbeit wird entweder gar nicht bezahlt oder nur auf Umwegen. Zum Beispiel über den Lohn des lohnarbeiten gehenden Mitglieds des Haushalts, das damit ordentliche Macht über die reproduktiv Arbeitenden unter demselben Dach erhält. Indem der Arbeit, die zuhause passiert, der Lohn unmittelbar vorenthalten wird, wird sie nicht als Arbeit wahrgenommen, sondern als Beziehung, als reine Notwendigkeit, als ›Familie‹.

Mit Lia Sudermann habe ich 2021 einen Essayfilm namens *Invisible Hands* gemacht, der die Frage stellt, auf welche Weisen der Kamerablick dazu geeignet ist, sogenannte unsichtbare Arbeit im Haushalt sichtbar zu machen. Die Grundlage unserer Arbeit stellten Home Movies österreichischer Amateurfilmerinnen aus den 1960ern, 70ern und 80ern dar, die im Gegensatz zum allergrößten Teil des Amateurfilmmaterials aus dieser Zeit von Frauen gedreht wurden. In den Filmen sind andauernd arbeitende Hände zu sehen: Sie schleppen Babys durch die Gegend, tragen geschmierte Brote ins Esszimmer oder öffnen Dosen in der Küche. Arbeit ist also ständig sichtbar, nimmt sogar den zentralen Platz auf der Bühne ein. Sie vermittelt sich uns nur nicht als solche. Und warum nicht? Weil sie immer aussieht wie Liebe, oder zumindest wie das, was in einer Familie halt so gemacht werden muss, wenn alles rund laufen soll.

Und das allein ist noch gar nicht das Problem. Das ist schließlich der Charakter reproduktiver Arbeit: immer Arbeit und Beziehung zugleich zu sein. Ein Problem wird dieser Doppelcharakter in ökonomischen Verhältnissen, die den Beziehungsaspekt dazu benutzen, den Arbeitsaspekt zu unterschlagen. Dadurch wird ein Bild von Arbeit zementiert, das rein an die Produktion von (als solchem wahrgenommenen) Wert und das entsprechende Empfangen von Lohn gekoppelt ist.

Auf diese Weise lässt sich nun auch der Begriff der Unsichtbarkeit fassen: Die Zirkulation der Waren macht die konkreten Gesellschaftsverhältnisse, die ihre Produktion bedeutet, unsichtbar, und mit ihnen den Warencharakter der in ihnen weiterverarbeiteten Ware Arbeitskraft. Und die Ware Arbeitskraft, die auch erst produziert werden muss, hat überhaupt keinen zirkulierenden Körper, wodurch die in ihr steckende reproduktive Arbeit doppelt unsichtbar wird.

Unsichtbarkeit wird dieserart zeitlich denkbar: nicht als Beschreibung eines statischen Zustands (eine bestimmte Arbeit ist unsichtbar), sondern als Effekt eines Prozesses: *Etwas wird unsichtbar gemacht.* Die Unterordnung von reproduktiver Arbeit unter das Regime des Lohns, ihre Verklärung als Liebe, aber auch der unendliche Aufschub ihrer Verwertung sind anti-hauntologische Strategien des Kapitalismus, um die gespenstische Gegenständlichkeit reproduktiver Arbeit zu vertuschen.

The ghosts I felt sorriest for
weren't the dead ones.

Jonathan Lethem, *Motherless Brooklyn*, 1999

Der Ort, an dem *Parasite* spielt, ist nicht allein die südkoreanische Klassengesellschaft, sondern, und viel prominenter noch, ein Einfamilienhaus. Der Film wurde vorhin unter dem Blickwinkel betrachtet, das Gespenster-Genre materialistisch aufzuladen. Ihm kann aber auch die komplementäre Bewegung attestiert werden: der Versuch, den materialistischen Blick hauntologisch zu erweitern. Und zwar, indem der Film diesen Blick auf ein Element richtet, das im Herzen von Schauergeschichten sitzt, im Marxismus allerdings selten eine prominente Rolle zugewiesen bekommt: das ›haunted house‹.

Der Film eröffnet in der Souterrainwohnung von Ki-woos Familie, deren kleine Lukenfenster direkt auf die Straße schauen. Ki-woos sozialer Aufstieg zum Angestellten im Haushalt der Parks wird von Beginn an auch räumlich inszeniert: Das mehrstöckige Haus der reichen Familie steht in einem Stadtteil von Seoul, der höher gelegen ist als der seine, und noch dazu ist es auf der Steigung eines Hügels erbaut. Ki-woo will sein glückliches Aufstiegsschicksal auch mit seinen erwerbslosen Familienmitgliedern teilen und schreckt nicht davor zurück, sich dabei intrigant gegen die anderen Hausangestellten zu wenden. Seiner Schwester erfindet er einen Job als Kunsttherapeutin für den angeblich gespenstertraumatisierten Da-song, und kaum hat sie die Anstellung, sabotieren die beiden mit elaborierten Lügen die Stellung der bisherigen Haushälterin und des Chauffeurs, um die Kündigung der beiden zu erwirken und die freiwerdenden Stellen ihren Eltern zuzuschanzen. Die Maxime dabei lautet, nicht zu verraten, dass sie alle miteinander verwandt sind, sondern einander als elitäre und exklusive Arbeitskräfte zu vermitteln.

Dass Blut dicker ist als Klasse, daran gibt es von Beginn des Films an wenig Zweifel. Die anderen Arbeiter:innen im Park-Haushalt gelten für Ki-woos Familie als natürliche Gegner:innen, nicht als potenzielle Verbündete. Besonders drastisch wird diese Gewissheit, als sie im Keller des Hauses auf den Mann der bisherigen Haushälterin stoßen, der gerade von seiner Frau Essen gebracht bekommt. Abscheu, Verachtung, vor allem aber Angst um die eigene, frisch erschlichene soziale Position stellen die unmittelbaren Reaktionen der Familie dar.

Im anschließenden Handgemenge, das wohlgemerkt nicht im Keller selbst, sondern im ebenerdigen Wohnzimmer ausbricht, stößt Ki-woos Mutter die alte Haushälterin die Kellertreppe hinab, die sich beim Aufprall den Kopf an der Wand einschlägt. Ihr

Mann verbringt die folgenden Stunden mit seiner an der Verletzung sterbenden Frau im Keller eingesperrt und ergreift die Gelegenheit zur Rache, als Ki-woo mit einem Glücksstein in der Hand die Treppe hinabsteigt. Der Stein wurde Ki-woos Familie zu Beginn des Films geschenkt, und weil der junge Mann glaubt, ihm ihr glückliches Schicksal verdanken zu dürfen, will er ihn nun der Keller-Familie als Geste der Versöhnung weitergeben. Der eingesperrte Mann zögert keine Sekunde, Ki-woo mit ebendiesem Stein den Schädel einzuschlagen, dann stürmt er an die Oberfläche, greift sich ein Küchenmesser und ersticht Ki-woos Schwester. Herr Park wird auch noch umgebracht, aber das erscheint mehr wie ein Kollateralschaden denn als ausgesprochenes Ziel. Der Film endet damit, dass Ki-woos Vater vor der Polizei in den Keller des Hauses flüchtet und von nun an die Rolle des eingesperrten Gespensts übernimmt. Sein schwerverletzter Sohn, mit seiner Mutter zurück in der alten Halb-Keller-Wohnung, schreibt dem Gespenst Briefe, in denen der Glaube an sozialen Aufstieg und die Hoffnung, das Park-Haus einmal selbst kaufen zu können, ungebrochen fortleben.

Das ›haunted house‹ wird in *Parasite* auf eine Weise inszeniert, auf die ihm selbst eine gewisse Macht über seine Bewohner:innen zukommt. Auch das hauntologische Modell der ›stone tape theory‹ sieht das Gespensterhaus nicht als rein passiven Schauplatz von Heimsuchung, sondern als ihren zentralen Akteur. Sie hat durch den Fernseh-Horrorfilm *The Stone Tape* von Nigel Kneale 1972 Bekanntheit erlangt, wurde von Mark Fisher in seinem Gespensterbuch aufgegriffen und erlebt gerade ein Revival durch das popkulturelle Interesse an Tonbandstimmenforschung. Bei der ›stone tape theory‹ geht es darum, dass unbelebte Materialien, zum Beispiel Steine oder Hauswände (im Idealfall steinerne Hauswände), Speichermedien für Vergangenes sein können. Gespenster leben ihr zufolge wie Audio-Aufnahmen in der Infrastruktur von Häusern fort und können unter bestimmten Bedingungen entweder wieder abgerufen werden oder spielen sich von allein ab.

Die Gespenster in *Parasite* sind Menschen aus Fleisch und Blut, das hatten wir bereits. Ihre Gespenstlichkeit wird aber nicht nur durch ihre Körperlichkeit widersprüchlich gestaltet, sondern auch durch ihr Verhältnis zum Spuk: Zum Teil wirkt es geradezu so, als würden nicht sie heimsuchen, sondern als wären sie selbst die Heimgesuchten. Als würde es nicht im Haus spuken, sondern als ginge der Spuk vom Haus selbst aus.

Denn, so naheliegend es wäre und so sehr es dem Genre der Schauergeschichte entsprechen würde, so ist es nicht die im ›haunted house‹ wohnende Partei, nicht die Familie Park, der der Spuk gilt. Betroffen von ihm sind vielmehr diejenigen, die durch Trickserei versuchen, Einzug in das Haus zu halten, das nicht ihren Verhältnissen entspricht – entweder durch die Besiedelung des Kellers oder durch eine auf Lügen und Intrigen aufbauende Jobvermittlung. Die Präsenz der Ausgebeuteten im Haus oder rund um das Haus ist Grund für ihre eigene Heimsuchung. Die Gespenster suchen einander heim, und in Klassenverhältnissen gedacht heißt das: sich selbst. Denn was hier aussieht wie *Family Feud* ist erst recht Klassenkampf, und zwar

Klassenkampf von oben. Dessen Mittel der Wahl, um Gespenster-Solidarität zu unterdrücken, ist ein historisch kaum zu übertreffendes: die Kleinfamilie.

I’m coming home
I’m coming home
I’m coming home
Oh
Leave me alone
Leave me alone
Leave me alone
Oh

Porridge Radio, *Homecoming Song*, 2020

Von Helen Hester kommt der Begriff ›domestic realism‹. Mit ihm legt sie auf Mark Fishers Konzept des kapitalistischen Realismus noch eins drauf, indem sie sagt: Selbst das Ende des Kapitalismus lässt sich noch leichter vorstellen als das Ende der Familie.

Mit Hesters Text hätte Mark Fishers Seminar *Postcapitalist Desire* im Wintersemester 2016/17 dem Seminarplan zufolge geendet. Von dem Seminar fanden nur fünf der geplanten fünfzehn Einheiten statt, bevor Fisher sich das Leben nahm. Bereits in einer der ersten Sitzungen allerdings merkt Fisher an, dass ›domestic realism‹ zum Zeitpunkt der Lehrveranstaltung, also sieben Jahre nach der Veröffentlichung von *Capitalist Realism*, seiner Ansicht nach eine schärfere Analyse der Gegenwart darstellt als sein eigenes titelgebendes Konzept.

Seither sind weitere sieben Jahre vergangen. In dieser Zeit ist in aktivistischen wie in akademischen

Diskursen, und vor allem in den Kontexten, die sich um die Überkreuzung der beiden Sphären bemühen, die Debatte um Abolitionismus erstarkt. Abolitionismus, das liegt irgendwo zwischen ›Abschaffung‹ und ›Aufhebung‹. Englischsprachige Diskurse beziehen sich oft auf die Vieldeutigkeit von ›Aufhebung‹ im Deutschen, während deutschsprachige Vertreter:innen ›abolition‹ eindeutschen, um den Sound des Englischen beizubehalten.

Begonnen hat die Auseinandersetzung mit diesem Konzept als Ergebnis sehr konkreter Kämpfe zur Abschaffung von Gefängnissen und der Polizei, ganz im Sinne von »No Cops, No Jails«, und wurde dann bald erweitert um Diskussionen zur Aufhebung des bürgerlichen Staats. Der in meiner Wahrnehmung jüngste Neuzugang zur Debatte heißt ›family abolition‹. Er kreist um das Begehren nach einem Ende der Familie und vor allem um die Frage, was jenseits von ihr liegen kann.

Eine der umtriebigsten, meistzitierten Stimmen im Diskurs um ›family abolition‹ ist Sophie Lewis. Für sie ist Familie in erster Linie ein anderer Name dafür, dass Sorgearbeit im Kapitalismus privatisiert ist. Ihr Horizont ist daher nicht die Erweiterung des Konzepts Familie, weder die liberale Fantasie, alle Menschen in den Genuss der glücklichen Kleinfamilie kommen zu lassen, noch die Kritik der Kleinfamilie mit Blick auf größere, ›ursprünglichere‹ verwandtschaftliche Zusammenhänge. Worauf Lewis aus ist, ist die vollständige Abschaffung der Familie, wie wir sie kennen. An ihre Stelle sollen Formen kommunal organisierten Lebens, Pflegens und Erziehens treten, die zum Teil bereits existieren, zum Teil erst noch erfunden und erlernt werden müssen.

Thatchers berühmtes Diktum, es gäbe »no such thing as society«, nur einzelne Männer und Frauen und deren Familien, wird in *Parasite* als realisiertes Prinzip vorgeführt: Familiärer Zusammenhalt sticht jede Form der Solidarität zwischen Arbeiter:innen. Sophie Lewis nimmt Thatchers Aussage beim Wort: Sie kritisiert sie nicht als das himmelschreiende Dogma neoliberaler Ideologie, als das sie natürlich gemeint war, sondern betrachtet sie geradezu als historisch-materialistische Analyse. Sie versteht die Aussage so, dass ihr letzter Teil der Grund für ihren ersten ist: Die Existenz isolierter, heteropatriarchal organisierter Familien bedingt die reale Nicht-Existenz von Gesellschaft, wenn Gesellschaft verstanden wird als eine, in deren Zentrum Solidarität und gegenseitige Sorge stehen. Die Rolle der Familie ist es, Sorge als Aufgabe von isolierten Privathaushalten erscheinen zu lassen und Klassenverhältnisse damit auf unüberblickbar viele Schauplätze aufzudröseln. Jedes Haus im Kapitalismus ist ein Gespensterhaus, und dessen Job lautet, wie in *Parasite*, proletarisches Klassenbewusstsein unter der Schicksalsgemeinschaft der Familie verschwinden zu lassen. Das Klassenbewusstsein der Herrschenden könnte im Gegenzug durch kaum etwas besser gestärkt werden als durch die Naturalisierung und Bevorzugung von Familienstrukturen. Denn in diesen gibt es schließlich etwas zu erben.

Wenn also kapitalistischer Realismus heißt, dass man sich das Ende der Welt leichter vorstellen kann als das des Kapitalismus, und wenn dann ›domestic realism‹ besagt, dass man sich sogar dessen Ende noch leichter vorstellen kann als das Ende der Familie, dann lässt sich aller Catchiness dieser Sätze zum Trotz immer noch fragen, was ›vorstellen‹ überhaupt heißt. Ist wirklich das Hauptproblem, dass uns die Fantasie fehlt? Dass uns Bilder fehlen? Oder hakt es nicht eher daran, dass wir vielleicht gar nicht so sehr den Wunsch haben, ihnen nachzugehen? Dass das Ende der Familie zwar irgendwie radikal klingt, aber, wenn wir uns ehrlich sind, gar nicht so unbedingt begehrenswert?

Die Trümmer der Geschichte verstellen den Blick auf den Traum von ihr und dennoch nicht gänzlich, es gibt Scharten, in denen der Traum der möglich gewesenen, unmöglich gemachten Zukunft aufblitzt; überall dort, wo die vergangene Zukunft nicht mit der Vergangenheit, wo das frühere Bild der kommenden Geschichte sich nicht mit dem späteren Bild der kommenden Geschichte deckt.

Bini Adamczak, *gestern morgen*, 2007

Mir kommt es zumindest so vor, dass in ganz vielen Gesprächen, die ich führe, der Wunsch nach einer radikal anderen Gesellschaft Konsens ist, aber sobald es darum geht, Familie anders zu denken, viele irgendwie ins Stocken geraten. Ich selbst eingeschlossen. Wenig finde ich schöner als die Vorstellung, Sorge zu vergesellschaften, Abhängigkeiten jenseits des Verwandtschaftlichen auszutesten und Kinder nicht mehr als das Eigentum von ein bis zwei Menschen zu betrachten. Wenig finde ich zugleich schwieriger zu begehren.

Ein Merksatz der kritischen psychoanalytischen Theorie lautet: Begehren rüttelt stets an den Grundfesten gesellschaftlicher Macht, und Macht manifestiert sich, um Begehren zu unterdrücken. Wenn wir uns fragen, wieso vielen von uns der affektive Wunsch nach einem anderen Zusammenleben als dem in der Kleinfamile so ungreifbar scheint, obwohl wir ihn in der Theorie doch gut finden, könnte die eine Antwort lauten: Na ja, so dringend wollt ihr es wohl doch nicht. Die Familie hat am Ende offenbar sehr wohl ihre guten Seiten, die schwerer wiegen als die berechtigten Einwände gegen sie. Eine andere Antwort wäre: Es gibt gegenwärtig für wenige Dinge so geringe materielle Grundlagen wie für das Begehren nach einer Neuorganisation des Zusammenlebens. Und dass dem so ist, das ist ein Effekt der permanenten Produktion von Ruinen.

Ruinenbauen wurde vorhin beschrieben als die Bewegung des Kapitalismus, die zukünftige Gemeinschaften bereits vor ihrem Erscheinen zerstört. Sie macht soziale Infrastruktur sehenden Auges kaputt und verbannt die Gespenster des *not yet* in ein *no longer*. Ein anderer Name für sie ist ursprüngliche Akkumulation, und Silvia Federici macht deutlich, dass ursprüngliche Akkumulation kein Ereignis ist, das irgendwann in der Vergangenheit passiert ist, sondern etwas, das sich fortlaufend ereignet. In ihrem Buch *Die Welt wieder verzaubern* beschreibt sie, als einen prominenten Schachzug dieser permanenten ursprünglichen Akkumulation, die Zerstörung von baulichen Realitäten, die Gemeinschaft anders als in Kleinfamilien organisieren. Beispielhaft berichtet sie von den Armenvierteln in Buenos Aires, wo sich als Reaktion auf die Beutelungen der Wirtschaftskrise 2001 reproduktive Arbeit aus den Wohnungen auf die Straße verlagert hat. In Nachbarschaftsküchen wurde für ganze Viertel gekocht, Kinderbetreuung wurde gemeinschaftlich organisiert, beim Wäschewaschen auf der Straße wurden Beziehungen geknüpft und der Alltag geplant.

Diese Neuorganisation des Sozialen wurde in erster Linie von Frauen getragen und musste mit permanent besetzten Barrikaden gegen den Einbruch städtischer und staatlicher Macht beschützt werden. Federici berichtet davon, wie Gemeinschaften dieser Art oft aus Prekarität geboren werden, aber innerhalb kurzer Zeit seitens derjenigen, die sie aufgebaut haben, mit großem Stolz belegt und von ihnen auch langfristig als die erstrebenswertere Art verteidigt werden, Gesellschaft zu organisieren.

Keineswegs zufällig sind diese Gemeinschaften eines der Hauptobjekte neoliberaler Stadtteilpolitiken, die Viertel voneinander separieren, gewachsene Communitys aufbrechen und in Privatwohngegenden segmentieren. Die Realität, dass alles auch ganz anders sein könnte, muss zerstört und eingehegt werden, um die Fantasie aufrechtzuerhalten, dass im vernünftigsten aller Wirtschaftssysteme alle so leben könnten, wie es ihnen lieb ist.

Was hier über handfeste Prozesse von ursprünglicher Akkumulation berichtet wird, lässt sich auch auf eine ursprüngliche Akkumulation von Begehren übertragen. Auch Begehren kann systematisch niedergeschlagen, plattgewalzt und privatisiert werden. Es ist deutlich schwieriger, eine Form des kommunalen Lebens zu begehren, wenn die aktuell existierende Architektur von auf Kleinfamilien ausgelegtem Wohnraum uns die praktische Erfahrung dieses Lebens quasi verunmöglicht.

Die Art und Weise, auf die Olena Newkrytas *Ruins in Reverse* den verfallenen Chruschtschowka-Wohnbau aus dem Jahr 1988 porträtiert, macht diese künstlich produzierte Alternativlosigkeit in aller Deutlichkeit sicht- und spürbar. Seinem Grundrissplan mag zwar das Versprechen leistbaren Wohnens eingeschrieben sein, aber keines, das die Parzellierung von Kleinfamilien in separate Einheiten auch nur irgendwie antasten würde. Im Gegenteil: Zur Zeit seiner Errichtung lautete der große Clou der sowjetischen Regierung, Arbeiter:innenfamilien eigene Wohnungen mit eigener Küche und eigenem Türschloss zur Verfügung zu stellen. Man kann sich die über ihren Privatraum erleichterte Kleinfamilie in der Sowjetunion bildlich vorstellen, und ihr Glück darüber, endlich nicht mehr andauernd in erzwungener Gemeinschaft leben zu müssen.

Dass der Stalinismus sämtliche kommunistischen Hoffnungen, Projekte und Versprechen verraten hat, ist alles andere als eine neue Klage. Fragen lässt sich allerdings, ob die Abschaffung der Familie überhaupt jemals eins dieser Versprechen war. Im Gegensatz zur Aneignung von Produktionsmitteln oder der Diktatur des Proletariats war und ist davon ja verhältnismäßig wenig zu hören.

Wenn es nach Bini Adamczak geht, lässt sich die Frage dennoch mit Ja beantworten. Die Neuorganisation von Beziehungen war ihr zufolge ein prominentes Projekt vor allem feministischer Bolschewiki, und zugleich eines derjenigen, die der autoritären Konterrevolution als Erste zum Opfer gefallen sind. Mit Alexandra Kollontai hatte die frisch gegründete Sowjetunion eine Volkskommissarin für Fürsorge, die die Vergesellschaftung von Sorge als zentrales Anliegen verfolgte. Sie setzte durch, dass mittels eines neuen Ehe- und Scheidungsgesetzes Männer und Frauen rechtlich gleichgestellt, Krippen großflächig ausgebaut und Abtreibungen legalisiert wurden. Der Begriff der ›roten Liebe‹, auf den sich manche Queerfeminist:innen heute emphatisch beziehen, stammt von ihr.

Die Abschaffung der Familie war Kollontais erklärtes Ziel, aber in den wenigen Jahren, in denen ›Räterepublik‹ keine zynische Selbstbezeichnung, sondern zumindest erstrebte Realität war, ließ sie sich nicht umsetzen. Wenn es so etwas wie einen kurzen Sommer des Familien-Abolitionismus in der Sowjetunion gegeben hat, dann ist er 1924 zu Ende gegangen. Stalin übernimmt die Macht, stampft sämtliche feministischen Gesetzesnovellen wieder ein und verbannt Kollontai ins Exil. Dieser Sommer, der auf die erste große Revolutionswelle im 20. Jahrhundert folgte, erfährt sein Revival erst fünfzig Jahre später, im Anschluss an die zweite große Revolutionswelle des Jahrhunderts, und unter gänzlich anderen sozialen Vorzeichen.

Ihr war, als wäre ihr die Zeit abhandengekommen, eine Zeit allerdings, die zu nichts anderem taugte, als verloren zu gehen.

César Aira, *Gespenster*, 1990

Nach Mark Fishers Tod wurde eine Außenwand der Goldsmiths-Universität in London, an der er gelehrt hatte, mit einem Zitat von ihm besprüht. Es stammt aus *Capitalist Realism* und lautet: »Emancipatory politics must always destroy the appearance of a ›natural order‹, must reveal what is presented as necessary and inevitable to be a mere contingency, just as it must make what was previously deemed impossible seem attainable.«

Fishers spätes Interesse für die 1970er, von denen das *Acid-Communism*-Fragment zeugt, rührt daher, dass die sozialen Experimente dieser Zeit in großem Rahmen die bestehende »natural order« angetastet haben. Der Umweg, den wir über die Sowjetunion gegangen sind, führt uns jetzt zu einer sehr konkreten Auslegung dessen, was in den Siebzigern kurzzeitig als »attainable«, als realistisch, wünschens- und erkämpfenswert schien: ein Leben, das sich jenseits der Grenzen tradierter Familienmodelle ansiedelt.

1972 rief eine Gruppe von Frauen rund um Selma James, Mariarosa Dalla Costa und Brigitte Galtier die »Lohn für Hausarbeit«-Kampagne ins Leben. Bereits in ihrer Selbstverortung erzählt die Bewegung eine andere Geschichte der Revolutionswellen von 1968 als die, die uns heute so bekannt ist. Die Aktivist:innen beziehen sich nicht auf die Studierendenproteste und deren Forderungen nach Freiheit, sondern auf die Kämpfe von sogenannten ›Welfare Mums‹ in den USA Mitte der Sechziger: Proteste im Zuge der Bürgerrechtsbewegung, als Frauen dagegen aufbegehrten, dass das US-amerikanische Sozialsystem Hausarbeit nicht nur ignorierte, sondern Sozialleistungen beziehende Arbeiter:innen obendrein als Schmarotzer:innen stigmatisierte. Ihre langjährigen Kämpfe gelten den Lohn-für-Hausarbeit-Vertreter:innen als Auslöser des wichtigsten gesellschaftlichen Phänomens der 1970er, nämlich der massiven Zunahme von Frauen auf dem US-amerikanischen Arbeitsmarkt.

Die Forderung nach Lohn für Hausarbeit wird von orthodoxen Marxist:innen seit ihrem Aufkommen und auch heute noch als unterwürfiger Wunsch verunglimpft, der ihnen zufolge bloß symbolische Anerkennung für bislang abgewertete Arbeit erbittet. Von anderen Kritiker:innen wird die Kampagne als Produkt des weißen Feminismus beiseite gewischt, der Hausarbeit zwar entlohnt sehen will, aber vorrangig deshalb, damit sie an billige Arbeiter:innen weitergereicht werden kann, während bürgerliche Frauen ungestört Karriere machen können. Letzteres ist in den Oberschichten von Ländern wie Österreich oder Deutschland unbestreitbar Realität geworden. Das hat allerdings wenig mit dem Erfolg der Kämpfe rund um Lohn für Hausarbeit zu tun und viel mehr mit dem neoliberalen Erfolgsrezept, revolutionäre Forderungen zu zerschlagen, ihr Gegenteil umzusetzen und dann die Forderung als eingelöst zu erklären.

Federici, ebenfalls prominente Vertreterin der Lohn-für-Hausarbeit-Kampagne, schreibt 1975 einen Text über die Bewegung, der entgegen vielseitiger Kritik ihren revolutionären Charakter betont. Um gleich Klarheit zu schaffen, nennt sie den Text *Lohn gegen Hausarbeit*. In ihm arbeitet sie heraus, was die Rolle des Lohns überhaupt ist, der manchen Arbeiten vorbehalten ist und anderen nicht. Sie schreibt, dass der Lohn erstens dabei hilft, die Arbeiter:innenklasse zu spalten, indem das Bild erzeugt wird, Arbeit hänge mit Entlohnung zusammen und nicht mit gesellschaftlicher Produktion. Zweitens tut der Lohn so, als gäbe es ›die Arbeit‹ und ›das Private‹, als wären unsere sozialen und vor allem familiären Beziehungen nicht unmittelbare Teile der Produktionsverhältnisse. Und drittens schafft es der Lohn, die wahre Länge des Arbeitstages zu verschleiern, indem er unterschlägt, was alles Arbeit ist.

Der letzte Punkt ist der aus hauntologischer Sicht brisanteste. Er bezieht Unsichtbarkeit nicht auf konkrete Arbeiten, sondern auf die Zeit, in der sie verrichtet werden. Wenn der Lohn unter anderem dazu dient, eine bestimmte Zeitspanne als für den Kapitalismus produktive Arbeit anzuerkennen, dann geschieht die Forderung nach einer Anerkennung dieser Zeit als Arbeit mit der Perspektive, ihre konkrete Rolle in der kapitalistischen Arbeitsteilung offenzulegen. Um nämlich in weiterer Folge Formen zu finden, die der Kampf gegen diese Arbeit annehmen kann. Das Ziel lautet für Federici nicht, einen Lohn zu empfangen, um dessen Höhe sich dann kämpfen lässt, sondern »unbezahlbar zu werden«: Hausarbeit gänzlich unwirtschaftlich zu machen und sie schließlich abzuschaffen als diejenige Tätigkeit, mit der Arbeiter:innen sich selbst und einander als Arbeitskraft, als Ware, reproduzieren.

Der Horizont der Abschaffung von Arbeit ist der Lohn-für-Hausarbeit-Bewegung von Anfang an eingeschrieben. In Federicis Text wird er greifbar als die Abschaffung nicht der konkreten Tätigkeiten, die diese Arbeit konstituieren – Kochen, Füttern, Sex –, sondern als die Abschaffung derjenigen Zeit, die beständig als Liebe geframed wird, während sie doch beständig Mehrwert produziert, so wie jede mit der Stechuhr gemessene Stunde auch.

Wenn man die historischen Texte der Bewegung neben gegenwärtigen Beiträgen zu ›family abolition‹ liest, geht schon aus Ersteren ganz klar hervor, dass der Kampf gegen die Hausarbeit ein Kampf gegen die Familienform sein muss. So zeichnen sie zum Beispiel nach, wie falsch es ist, von der Kleinfamilie als transhistorischer Konstante auszugehen: Erst nach den proletarischen Revolutionswellen der 1830er und 40er bilden sich in England Kleinfamilien heraus, in denen die Frauen daheimbleiben und nicht mehr gemeinsam mit Männern in der Fabrik stehen wie zuvor. Die Familie abzuschaffen heißt demnach nicht, mit einem Mal eine bewährte Gottgegebenheit anzuzweifeln, sondern ein ganz konkretes, im Kapitalismus entworfenes

Projekt der Ausbeutung von Arbeiter:innen, der Unterdrückung von Frauen und der Privatisierung von Sorge zerschlagen zu wollen.

Und wenn jetzt schon das Ende der Arbeit und die Aufhebung der Familie im Raum stehen, dann klingt als Finale des Dreischritts die Abschaffung der Zeit vielleicht gar nicht mehr ganz skurril.

There was a stirring amongst the young. They had started to meet in secret two streets away from the compound to try and find a way to stop time. When they imagined time, they thought of a round glass ball, and so she encouraged them to carve these during work hours and then follow her to the cliff edge at night and throw the orbs off.

Lola Olufemi, *Experiments in Imagining Otherwise*, 2021

Ich habe diesen Text zu schreiben begonnen, weil ich wissen wollte, ob die Abschaffung von Zeit ein linkes Projekt sein kann. Entspricht sie der Radikalität, die eine dringend zu überwindende Realität benötigt, oder ist sie nicht vielmehr etwas, das der Neoliberalismus bereits vollzogen hat, und zwar mit ganz und gar nicht wünschenswerten Folgen?

Eine ähnliche Frage bekommt Sophie Lewis oft gestellt, wenn sie über ›family abolition‹ spricht. Es geht dann darum, ob die Abschaffung der Familie nicht bereits tagtäglich von rassistischen Grenzpolitiken unternommen wird, wenn Kinder auf gewaltvollste Weise von ihren Eltern getrennt und erwachsene Menschen von ihren Partner:innen separiert werden. Lewis antwortet darauf stets mit der Beschwörung der Hoffnung, dass sich für beides gleichzeitig kämpfen lässt: dafür, dass der Staat sorgebedürftige Menschen nicht von den sie Umsorgenden trennt, und zugleich für eine Welt, in der wir immer schon viele sind, die sich umeinander und füreinander sorgen. »Als Menschen zusammen zu sein und die Trennung von Menschen zu beenden – das ist eine Zukunft, die imaginiert werden kann, auch wenn wir sie noch nicht in vollem Maße herbeisehnen können.«

Ich weiß auch nicht, wie sich diese Zukunft konkret herbeisehnen lässt, aber ich finde sie enorm begehrenswert. Und ähnlich, glaube ich, verhält es sich mit der Zeitabschaffung. Die Art und Weise, wie sich Neoliberalismus als Ruinen produzierendes, Gespenster austreibendes Stadium des Kapitalismus verhält, ist als Zuspitzung eines Zeitregimes zu verstehen, das seiner Produktionsweise von Anfang an mit Zügen von Blut und Feuer eingeschrieben ist. Zeit einzuhegen, also Formen des Arbeitens, Sorgens und Gemeinsamseins einzustreichen, die jenseits der Logik von Verwertbarkeit existieren, ist seit jeher das kapitalistische Projekt. Neu an der spezifisch neoliberalen Konterrevolution ist die Dynamik, zukünftige Zeitlichkeiten systematisch zu akkumulieren, um dieserart ihren Stachel zu ziehen und sie zu neutralisieren. Neoliberalismus schlägt Kämpfe nieder und erzählt sie als der Vergangenheit angehörig und gescheitert, bevor sie überhaupt anheben konnten. Oder er entsorgt sie durch den Anschein, ihren Forderungen nachgekommen zu sein und sie bereits erfüllt zu haben, während er doch nur weiter Mangel produziert.

Gegen diesen Anschein anzukämpfen, indem die vergangenen Kämpfe erinnert und vor allem aktualisiert werden, ist das Anliegen dialektischer Hauntologie. Zeit abschaffen, und das heißt: Zeit in einem

System abschaffen, das Zeit still stellt, indem es sie als scheinbar notwendige Arbeitszeit akkumuliert und zur Produktion von Mangel benutzt, bedeutet Zeit freisetzen zu wollen als etwas, über das bewusst und kollektiv verfügt werden kann. Die Abschaffung von Arbeit, die Aufhebung der Familie und das Ende der Zeit sind in diesem Sinn einander bedingende Begehren. Sie werden schon lange imaginiert, erprobt und umkämpft, und davon wissen die Gespenster zu erzählen. Dialektischer Hauntologie geht es deshalb nicht im Geringsten darum, sie austreiben oder besänftigen zu wollen, sondern darum, ins Gespräch mit ihnen zu treten: den Spuk der Gespenster als Versprechen hörbar zu machen, um die von ihnen aufbewahrten Zukünfte aus der vom Kapitalismus künstlich produzierten Vergangenheit zu holen und sie in eine selbstbestimmte Zukunft einzupflegen.

Dank

Nicht nur die vielen Gespräche, auf denen dieses Buch aufbaut, sondern auch die einzelnen Schritte seiner Produktion fanden in Gesellschaft der klügsten und liebsten Freund:innen statt, die man sich wünschen kann.

Ich danke daher meinen Erstleser:innen Julia Haugeneder, Alexander Herzlinger, Flora Nagy, Julian Schausberger, Simon Stockinger und Lia Sudermann, durch deren feinfühlige Hände und kritische Köpfe zu gehen bereits eines der schönsten Dinge war, die diesem Text passieren konnten. Tausend Dank an Leonie Huber, Sophia Rohwetter, Jasemin Khaleli und Moira Hille für die immens hilfreichen Hinweise, Eindrücke und Hinterfragungen an genau den richtigen Stellen along the way. Danke an Monika Nagy-Baier für die aufmerksamen Korrekturen auf den Rückseiten von Sprachheil-Übungszetteln. Und vielen Dank an Monika Rinck und Diedrich Diederichsen für das, was offiziell als Betreuung des Textes bezeichnet wird und in der Realität eine Reihe angeregter und anregender Gespräche bedeutet hat, die Lust gemacht haben auf immer noch größere Genauigkeit in der Sprache, auf gesteigerte Komplexität im Denken und vor allem aufs Weitermachen.

Danke an das Unrast-Verlagskollektiv für das Vertrauen, das es meinem Text entgegengebracht und mit dem es ihn in seine politisch unschätzbare Gemeinschaft an Büchern aufgenommen hat. Großer Dank geht dabei vor allem an meinen Lektor Jan für die vom ersten Moment an wertschätzende, offene und präzise Zusammenarbeit, die diesem Buch den finalen Feinschliff und obendrein ein wunderschönes Gewand verliehen hat. Danke an Nihal Türkyilmaz für die Gestaltung des Umschlags und an Florian Huth dafür, mir seinen durchkreuzten Caspar David Friedrich als Coverboy zur Verfügung zu stellen. Und vielen Dank an Clemens J. Setz für die Bereitschaft, über ein weiteres Gespenst des Kommunismus zu schreiben und das Buch damit auf so tolle Weise zu erweitern und abzurunden.

Zum Abschluss schicke ich Umarmungen an alle, die die Jahre des Studiums, das diesem Text voranging, zu einer einzigartigen Zeit des Ausprobierens, Verknüpfens und gemeinsamen Lernens gemacht haben: Jackie Grassmann, Leonie Huber, Inga Charlotte Thiele, Lia Sudermann, Miriam Stoney, Andrea Zabric, Sophia Rohwetter, Lara Bellon, Lua Mauff, Kim Sanou, Ben Rosenthal, Flavio Merlo, Jakob Ehrlich, Martin Rovan, Anna Barbieri. Wir bleiben in Gesprächen.

Texte,
Filme,
Songs

Killing Time

Berger, Clemens: »Ins Herz der Zeit«, *Der Standard*, 08.12.2014 (https://www.derstandard.at/story/2000-009061012/clemens-berger-ins-herz-der-zeit).

Conrad, Joseph: *The Secret Agent. A Simple Tale* (North Yorkshire: Methuen & Co 1907).

Moor Mother: »Clock Fight«, auf: *Black Encyclopedia of the Air* (ANTI- Records 2021).

Taylor, Philip: »Astronomers and the anarchist bomber«, *Royal Museums Greenwich* (https://www.rmg.co.uk/stories/topics/astronomers-anarchist-bomber).

Marks Gespenster

Adamczak, Bini: *Beziehungsweise Revolution. 1917, 1968 und kommende* (Berlin: Suhrkamp 2017).

Aira, César: *Gespenster. Roman*, übers. v. Klaus Laabs (Berlin: Ullstein 2010).

Anonym: *The Fisher-Function* (o. O. 2017).

Colquhoun, Matt: *Egress. On Mourning, Melancholy and Mark Fisher* (London: Repeater 2020).

Coverley, Melvin: *Hauntology. Ghosts of Futures Past* (Harpenden: Old Caste 2020).

Derrida, Jacques: *Marx' Gespenster. Der Staat der Schuld, die Trauerarbeit und die neue Internationale*, übers. v. Susanne Lüdemann (Frankfurt a. M.: Suhrkamp 2004).

Edlinger, Thomas: »Gedehnter Spuk. Die Anwesenheit der abwesenden Zeiten im Netzwerk der Gegenwart«, in: ders. (Hg.), *Endlose Gegenwart. Donaufestival-Reader* (2018), S. 4–16.

Fisher, Mark: »Acid Communism (Unfinished Introduction)« [2016], in: ders., *k-punk. The Collected and Unpublished Writings of Mark Fisher (2004–2016)*, hg. v. Darren Ambrose (London: Repeater 2018), S. 753–770.

Fisher, Mark: *Capitalist Realism. Is There No Alternative?* (Winchester/Washington: Zero 2009).

Fisher, Mark: *Ghosts of My Life. Writings on Depression, Hauntology and Lost Futures* (Winchester/Washington: Zero 2014).

Fisher, Mark: *The Weird and the Eerie* (London: Repeater 2016).

Fisher, Mark: »What is Hauntology?«, *Film Quarterly* 66/1 (2012), S. 16–24.

Gildea, Niall: »Also Intransitive. Mark Fisher's Hauntology«, *CounterText* 6/3 (2020), S. 401–422.

Gumbrecht, Hans Ulrich: *Unsere breite Gegenwart* (Berlin: Suhrkamp 2010).

Horn, Eva: *Zukunft als Katastrophe* (Frankfurt am Main: Fischer 2014).

Marcuse, Herbert: *Eros and Civilization. A Philosophical Inquiry into Freud* (Boston: Beacon 1955).

Marx, Karl / Friedrich Engels: »Manifest der kommunistischen Partei«, in: dies., *Gesammelte Werke, Bd. 4* (Berlin: Dietz 1974), S. 459–493.

McKittrick, Katherine: *Dear Science and Other Stories* (Durham/London: Duke University Press 2021).

Quent, Marcus (Hg.): *Absolute Gegenwart* (Berlin: Merve 2016).

Setz, Clemens J.: *Glücklick wie Blei im Getreide. Nacherzählungen* (Berlin: Suhrkamp 2015).

Sternfeld, Nora: »Es lebe die Autor*innenschaft, die allen gehört«, Online-Vortrag vom 10.06.2021 (https://www.youtube.com/watch?v=WttzztVjt9M).

Wardill, Emily: *Night for Day* (Portugal/Österreich 2020).

Gespenster austreiben, Ruinen bauen

basis voor actuele kunst: *No Linear Fucking Time*, Ausstellungs-Booklet (Utrecht: BAK 2022).

Crary, Jonathan: *24/7. Late Capitalism and the Ends of Sleep* (London/New York: Verso 2013).

Dany, Hans-Christian: *Morgen werde ich Idiot. Kybernetik und Kontrollgesellschaft* (Hamburg: Nautilus 2013).

Dath, Dietmar: *Gentzen oder: Betrunken aufräumen* (Berlin: Matthes & Seitz 2021).

Deleuze, Gilles / Félix Guattari: *Anti-Ödipus. Kapitalismus und Schizophrenie I* (Frankfurt a. M.: Suhrkamp 1974).

Diederichsen, Diedrich / Oier Etxeberria (Hg.): *Cybernetics of the Poor* (Wien/Berlin: Kunsthalle Wien/Sternberg 2021).

Federici, Silvia: *Caliban und die Hexe. Frauen, der Körper und die ursprüngliche Akkumulation*, übers. v. Max Henninger (Wien/Berlin: Mandelbaum 2017).

Federici, Silvia: *Die Welt wieder verzaubern. Feminismus, Marxismus & Commons*, übers. v. Leo Kühberger (Wien/Berlin: Mandelbaum 2020).

Fisher, Mark: »Anti-Therapy« [2015], in: ders., *k-punk. The Collected and Unpublished Writings of Mark Fisher (2004–2016)*, hg. v. Darren Ambrose (London: Repeater 2018), S. 589–598.

Fisher, Mark: »Good for Nothing« [2014], in: ders., *k-punk*, S. 747–749.

Fisher, Mark: »The Privatisation of Stress« [2011], in: ders., *k-punk*, S. 461–468.

Harney, Stefano / Fred Moten: *All Incomplete* (New York: Minor Compositions 2021).

Hsieh, Tehching: *One Year Performance 1980–1981 (Time Clock Piece)* (USA 1981).

Landes, Davis S.: *Revolution in Time. Clocks and the Making of the Modern World* (Cambridge, MA/London: Belknap 2000).

Marx, Karl: *Das Kapital. Kritik der politischen Ökonomie. Erster Band* [1867] (11. Auflage, Berlin: Dietz 1962).

Medina, Eden: *Cybernetic Revolutionaries. Technology and Politics in Allende's Chile* (Cambridge, MA/London: MIT Press 2011).

Newkryta, Olena: *Ruins in Reverse* (Ukraine/Österreich 2021, https://vimeo.com/435818619).

Parton, Dolly: »Nine to Five«, auf: *9 to 5 and Odd Jobs* (RCA 1980).

Rebgetz, Damian: *We Had a Lot of Bells* (Schauspielhaus Wien 2022).

Tiqqun: *Kybernetik und Revolte*, übers. v. Ronald Voullié (Zürich/Berlin: Diaphanes 2007).
Trotzki, Leo: *Die permanente Revolution. Ergebnisse und Perspektiven* [1928], übers. v. Walmot Falkenberg / Hartmut Jaene / Gert Meyer (Essen: Mehring 2016).
Turner, Tina: »Twenty Four Seven«, auf: *Twenty Four Seven* (Parlophone/Virgin 1999).
Volkmann, Jana: *Investitionsruinen. Gedichte* (Innsbruck: Limbus 2021).
Whitrow, G.J.: *The Nature of Time* (New York/Chicago/San Francisco: Holt, Rinehart and Winston 1972).

Nicht jede Stunde ist eine Stunde

Bong Joon-Ho: *Parasite* (Südkorea: Barunson 2019).
Eitel, Florian: *Anarchistische Uhrmacher in der Schweiz. Mikrohistorische Globalgeschichte zu den Anfängen der anarchistischen Bewegung im 19. Jahrhundert* (Bielefeld: Transcript 2018).
Fletcher, John: »Marx the Uncanny? Ghosts and their Relation to the Mode of Production«, *Radical Philosophy* 75 (1996), S. 31–37.
Gordon, Avery F.: *Ghostly Matters. Haunting and the Sociological Imagination* (Minneapolis/London: University of Minnesota Press 2008).
Kesha: »TiK ToK«, auf: *Animal* (RCA/Sony 2010).
Kunzru, Hari: *White Tears. A Novel* (London: Penguin 2017).
Peham, Andreas: *Kritik des Antisemitismus* (Stuttgart: Schmetterling 2022).
Postone, Moishe: *Time, Labor, and Social Domination. A Reinterpretation of Marx's Critical Theory* (Cambridge/New York: Cambridge University Press 1993).

Schäublin, Cyril: *Unrueh* (Schweiz: Seeland Filmproduktion 2022).
Shellac: »Ghosts«, auf: *1000 Hurts* (Touch & Go 2000).
Tomba, Massimiliano: *Marx's Temporalities* (Leiden/Boston: Brill 2013).
Vogl, Joseph: *Das Gespenst des Kapitals* (Zürich: Diaphanes 2010).
Wark, McKenzie: »All the Time in the World«, *Death Clock* (2022, https://www.deathclock.live/).

Exit the Gespensterhaus

Adamzcak, Bini: *gestern morgen. über die einsamkeit kommunistischer gespenster und die rekonstruktion der zukunft* (Münster: Edition Assemblage 2007).
Adamzcak, Bini: »Hauptsache Nebenwiderspruch. Geschlechtliche Emanzipation und Russische Revolution«, in: Bernd Hüttner / Christoph Jünke (Hg.), *Roter Oktober 1917. Beiträge zur Geschichte der russischen Revolution* (Berlin: Rosa-Luxemburg-Stiftung 2017), S. 39–51.
Bärtsch, Tobias, et al.: *Ökologien der Sorge* (Wien/Linz: transversal 2017).
Chiapello, Ève / Luc Boltanksi: *The New Spirit of Capitalism*, übers. v. Gregory Elliott (London/New York: Verso 2018).
Dalla Costa, Mariarosa / Selma James: *Die Macht der Frauen und der Umsturz der Gesellschaft*, übers. v. Gisela Bock (Berlin: Merve 1973).
Federici, Silvia: »Lohn gegen Hausarbeit« [1975], in: dies., *Revolution at Point Zero. Hausarbeit, Reproduktion und feministischer Kampf*, übers. v. Leo Kühberger (Münster: Unrast 2021), S. 37–54.

Federici, Silvia: »Die Reorganisation der Hausarbeit und der Reproduktion in den USA in den 1970er-Jahren« [1980], in: dies., *Revolution at Point Zero*, S. 73–90.

Fisher, Mark: *Postcapitalist Desire. The Final Lectures*, hg. v. Matt Colquhoun (London: Repeater 2021).

Hester, Helen: »Promethean Labors and Domestic Realism«, in: e-flux Architecture/MAK Wien (Hg.), *Artificial Labor* (2017, https://www.e-flux.com/architecture/artificial-labor/140680/promethean-labors-and-domestic-realism/).

IDLES: »Mother«, auf: *Brutalism* (Balley 2017).

Jones, June: »Therapy«, auf: *Leafcutter* (2021).

Kneale, Nigel: *The Stone Tape* (UK: BBC 1972).

Lethem, Jonathan: *Motherless Brooklyn. A Novel* (New York: Doubleday 1999).

Lewis, Sophie: *Abolish the Family. A Manifesto for Care and Liberation* (London/New York: Verso 2022).

Lewis, Sophie: *Full Surrogacy Now. Feminism Against Family* (London/New York: Verso 2019).

Lewis, Sophie / Lola Olufemi: »Abolish the Family«, *London Review Bookshop Podcast*, 25.01.2023 (https://www.londonreviewbookshop.co.uk/podcasts-video/podcasts/sophie-lewis-lola-olufemi-abolish-the-family).

Loick, Daniel / Vanessa E. Thompson (Hg.): *Abolitionismus. Ein Reader* (Berlin: Suhrkamp 2022).

McDowell, Linda: »Beyond Patriarchy. A Class-Based Explanation of Women's Subordination«, *Antipode* 18/3 (2006), S. 311–321.

Olufemi, Lola: *Experiments in Imagining Otherwise* (London: Hajar 2021).

Porridge Radio: »Homecoming Song«, auf: *Every Bad* (Secretly Canadian 2020).
Rosen, Rachel / Jan Newberry: »Love, labour and temporality. Reconceptualising social reproduction with women and children in the frame«, in: Rachel Rosen / Katherine Twamley (Hg.), *Feminism and the Politics of Childhood. Friends or Foes?* (London: UCL Press 2018), S. 117–133.
Sudermann, Lia / Simon Nagy: *Invisible Hands* (Österreich 2021).
Webster, Jamieson: *Disorganisation & Sex* (Brüssel: Divided 2022).
Winkler, Gabriele: *Care Revolution. Schritte in eine solidarische Gesellschaft* (Bielefeld: Transcript 2015).

Die unbeabsichtigte Erschaffung eines Gespensts durch die *American Legion* im Jahr 1950

Nachwort von Clemens J. Setz

Es ist der Anfang des Jahres 1950 und der Ort ist die amerikanische Kleinstadt Mosinee, Wisconsin. Im ganzen Land war die Angst vor kommunistischen Umtrieben, unter anderem geschürt durch die unermüdlich und eloquent disseminierte Paranoia des Senators Joseph McCarthy, auf ihrem Höhepunkt. Die Einwohner von Mosinee wollten dieser Angst Ausdruck verleihen. Unterstützt von der *American Legion*, der wichtigsten Vereinigung amerikanischer Kriegsveteranen, wurde der Plan zu einem anti-kommunistischen Festumzug ersonnen. Relativ bald wuchs sich dieser Plan zu einem den ganzen Ort umspannenden Mysterienspiel aus: der simulierten Machtübernahme einer kommunistischen Besatzungsmacht. Eine Erziehungsmaßnahme, an deren Beispiel der gesamten amerikanischen Bevölkerung der Schrecken des Alltagslebens in einem Sowjetland nähergebracht werden sollte. Am 1. Mai, dem Internationalen Tag der Arbeit, sollte der gespielte Coup stattfinden. Der Hauptverantwortliche war ein gewisser John Decker, ein Veteran des Zweiten Weltkriegs, der damit ein nobles Ziel verfolgte: »to elevate the debate to reach minds we hadn't reached.« Man fand sogar zwei ehemalige Kommunisten, die bei der Gestaltung des erwünschten Realismus mithalfen. Den ganzen Tag lang wurden Lebensmittelkarten ausgeteilt und Zugangssperren aller Art errichtet. Man baute sogar einen kleinen Gulag, in den besonders unliebsame Personen gebracht wurden. Berichten zufolge reagierten die zum Teil nicht in allen Details mit dem Sinn der Aktion vertrauten Bürger von Mosinee durchwegs folgsam, geduldig und mit einem gewissen Humor auf die gespielten Übergriffe und Beschränkungen. Das Kino spielte ausschließlich kommunistische Propagandafilme. Die Lebensmittelpreise wurden vervielfacht. Ja selbst im Süßigkeitenladen hing auf einmal ein Schild: »Candy for Communist Youth Members Only«.

Es gibt widersprüchliche Angaben darüber, bis zu welchem Grad der Bürgermeister Ralph Kronenwetter eingeweiht war. Einerseits wussten natürlich alle irgendwie Bescheid, aber Kronenwetter schien ungewöhnlich erregt und aufgewühlt. Vor allem, als er in der Dämmerung, in einer der ersten Aktionen, von ›Soldaten‹ aus seinem Bett geholt und dazu gezwungen wurde, die Stadt den Kommunisten zu übergeben, reagierte er mit großer Glaubwürdigkeit. Der Moment ist auf einem Foto erhalten, das später im *Life Magazine* abgedruckt wurde. Die Szene musste sogar zweimal hintereinander gespielt werden, da beim ersten Mal zu wenige Fotografen anwesend waren – auf den ersten

Blick ein Indiz, dass Kronenwetter vollkommen verstanden haben muss, dass all die Gewalt zu hundert Prozent gespielt war, allerdings kennt man dasselbe Posieren und Abwarten und Szenen-Wiederholen durchaus auch von realen Revolutionen.

Journalisten und Polizeikräfte wurden ins Straflager gebracht und die Stadt mit weiträumigen Straßenblockaden von der Umwelt abgeschnitten. Lokale servierten den ganzen Tag lang nur altes Brot und Suppe. Der Spuk sollte mindestens vierzehn Stunden andauern, vielleicht auch etwas länger, dann würde man alles ›auflösen‹ und gemeinsam die Lehre ziehen: Der Kommunismus war böse. Alle Gefangenen würden, wie sonst nur im weltfernsten Märchen, schon nach kurzer Zeit unversehrt aus dem Arbeitslager zurückkehren. Unterdessen schien Bürgermeister Kronenwetter seine Rolle außerordentlich gut zu spielen, er schwitzte, bewegte sich unruhig hin und her und zeigte ungewöhnlich glaubhafte Angstzeichen. In der Nacht erlitt er eine Gehirnblutung. Der Stress und die Aufregung, der Anblick der ständig auf ihn gerichteten (wenn auch nicht mit scharfer Munition geladenen) Maschinengewehre – all das war zu viel für ihn gewesen. Wenige Stunden bevor man die Simulation beendete, fiel Kronenwetter in ein Koma, aus dem er nie mehr erwachte.

Wann immer ich heute die alte Phrase »das Gespenst des Kommunismus« zitiert sehe, so wie es im ersten Satz des *Kommunistischen Manifests* beschworen wird, muss ich sofort an ihn denken, Ralph Kronenwetter. Wenn je ein Mensch unbeabsichtigt in ein buchstäbliches *Gespenst des Kommunismus* verwandelt wurde, dann er. Er starb vor der Beendigung der Simulation und vielleicht sogar durch die seinem tödlichen Schlaganfall vorausgehende neurologische Beeinträchtigung und Verwirrung, im echten Glauben, er werde von Kommunisten gefangen gehalten und die Welt, so wie er sie bislang kannte und liebte, sei zu Ende. Möge er dennoch, dieser so sehr in Raum und Zeit verirrte Mann, die Ruhe finden, die allen Geschöpfen gebührt.

Florian Huth
#006450795
CASPAR DAVID FRIEDRICH ×
EURO-INFORMATION - Européenne de Traitement de l'Information

aus der Serie *ATLAS 26 (GEOMETRICAL FIGURES AND SOLIDS)*, 2022
Offset-Lithografie auf Postkarten
514-teilig, je 10,5×14,8 cm

instagram.com/atlas__26

Für seine Serie *ATLAS 26* überdruckt Florian Huth kunsthistorische Postkarten mit Markenzeichen teils aufgelassener, teils noch existierender Firmen. Er gewinnt seine Motive aus der Datenbank der World Intellectual Property Organization, konkret aus der Wiener Klasse 26 mit dem Titel »Geometrical Figures and Solids«, und appliziert sie via Offset-Lithografie auf die über Jahre gesammelten Postkarten Die Serie eignet sich damit das Repertoire hegemonialer Kunstgeschichte ebenso wie die Formensprache des Industriekapitalismus an und führt die beiden Bilderwelten zusammen – um ihre Ästhetiken und Zeitlichkeiten wahlweise zueinander in Beziehung zu setzen, aneinander zu ruinieren oder miteinander aufzuheben.

Florian Huth und Simon Nagy lernten sich bei einer Residency im Druckwerk Lustenau in Vorarlberg 2019 kennen, wo sie mit einer Sammlung von Museumspostkarten arbeiteten, künstlerische Strategien der (Un-)Ordnung ihrer Motive erprobten und im Rahmen der Duo-Ausstellung *&c.* im DOCK 20 präsentierten.

Bini Adamczak

Kommunismus

Kleine Geschichte, wie endlich alles anders wird

84 Seiten | 9,80 €
ISBN 978-3-89771-231-7

»Kommunismus« ist für alle da

Wie lässt es sich – jetzt! – fast 25 Jahre nach dem Ende der Geschichte über das Ende der Vorgeschichte, über Kommunismus schreiben, ohne der Lächerlichkeit eines ohnmächtigen Pathos zu verfallen? Es bedarf einer kinderleichten Sprache um ein kommunistisches Begehren zu erfinden. »Den Kommunismus machen: das kann ja wohl nicht so schwer sein.«

»Dass die Autorin eine gesellschaftspolitische Agenda hat, bestreitet sie gar nicht – doch wer ihrem Buch eine kritische Haltung abspricht, hat es eben nicht gelesen.«

Johanna Bruckner, Süddeutsche Zeitung

Jens Kastner

Die Linke und die Kunst

Ein Überblick

300 Seiten | 18,00 €
ISBN 978-3-89771-271-3

»Was wollte und was will die Linke von der Kunst?«

Welcher Stellenwert wird der Kunst in der Gesamtheit gesellschaftlicher Verhältnisse eingeräumt? Ist sie Teil emanzipatorischer Veränderungen oder steht sie ihnen im Wege? Linke Verständnisse von Kunst gehören nicht unbedingt zum linken Allgemeinwissen.

Kenntnisreich präsentiert Kastner die unterschiedlichen Positionen dazu in den wichtigsten Strömungen linker Theorie.

»Kastners materialreiches Panorama füllt eine echte Lücke.«

Ingo Arend, DLF Kultur

UNRAST Verlag | kontakt@unrast-verlag.de

UNRAST

Mariarosa Dalla Costa

Frauen und der Umsturz der Gesellschaft

Gesammelte Aufsätze

324 Seiten | 19,80 €
ISBN 978-3-89771-333-8

Eines der bedeutendsten Bücher über die Rolle der Hausarbeit im Kapitalismus

Dalla Costa analysiert aus einer marxistisch-feministischen Perspektive die Rolle und Bedeutung von Haus- und Sorgearbeit für den Kapitalismus und arbeitet heraus, wie das Fehlen eines Lohnes die Ausbeutung von weiblicher Arbeit verschleiert. Damit trägt sie zur Erhellung eines blinden Flecks im Marxismus bei, der den Bereich der unbezahlten Arbeit lange ignoriert hat. Dalla Costas Texte und Theorien zeigen zudem die Grenzen einer feministischen Bewegung auf, die die Umverteilung von Haus- und Sorgearbeit und die radikale Neustrukturierung der Gesellschaft außer Acht lässt.

Silvia Federici

Revolution at Point Zero

Hausarbeit, Reproduktion und feministischer Klassenkampf

304 Seiten | 19,80 €
ISBN 978-3-89771-331-4

Die wichtigsten Aufsätze einer der maßgeblichsten feministischen Denkerinnen unserer Zeit

Als Mitbegründerin der internationalen Kampagne »Lohn für Hausarbeit« hat Silvia Federici den Grundstein für eine Theoriebildung gelegt, die die gesellschaftliche und soziale Reproduktion ins Zentrum setzt. *Revolution at Point Zero* vereint Federicis wichtigste Texte, die bis heute nichts an politischer Brisanz und Aktualität eingebüßt haben.

»Für alle Federici Begeisterten auf jeden Fall ein Muss!«

Sylvia Aßlaber, aep informationen

UNRAST Verlag | kontakt@unrast-verlag.de

Simon Nagy:
Zeit abschaffen
Ein hauntologischer Essay gegen die Arbeit, die Familie und die Herrschaft der Zeit
3. Auflage, März 2026
ISBN 978-3-89771-622-3

Fuggerstr. 13 a, 48165 Münster
www.unrast-verlag.de – kontakt@unrast-verlag.de
Mitglied in der assoziation Linker Verlage (aLiVe)

Gesetzt in der Calluna und der ABC Whyte Inktrap.

Umschlaggestaltung: Nihal Türkyilmaz, Dortmund
Umschlagbild: Florian Huth, München
Satz: Simon Nagy, Wien
Druck: Multiprint, Kostinbrod